30대<sup>New Thirty</sup> 재테크 성공 전략

# 30대 재테크성공전략

30대<sup>New Thirty</sup> 재테크 성공 전략

1판 1쇄 인쇄 | 2008. 8. 15
1판 1쇄 발행 | 2008. 8. 20

지은이 | 김주영
펴낸이 | 이현순
디자인 | 정원미

펴낸곳 | 백만문화사
서울특별시 마포구 망원2동 422-2 (121-232)
대표전화 (02)325-5176 | 팩시밀리 (02)323-7633
등록 | 1996년 1월 22일 제10-1245호
e-mail : bmbooks@naver.com
홈페이지 : http://bmbooks.com.ne.kr
Translation Copyright©2008 by BAEKMAN Publishing Co.
Printed & Manufactured in Seoul Korea

ISBN 978-89-85382-87-8
값 10,000원


* 잘못된 책은 바꾸어 드립니다.

뉴 써티(New Thirty)란  1960년 후반에서 1970년 초에 태어난 30대 도시 직장인을 말한다. 안정된 경제력과 세련된 취향, 왕성한 소비력이 특징이다. 패션업계에서 이전 386세대와 구분되는 30대를 지칭하는 말로 쓰기 시작해 최근소비문화의 주류로 떠오르는 30대를 아우르는 말로 확장되어 쓰이고 있다.

이런 뉴 써티들이 오늘의 안정에 만족하지 않고 풍요로운 미래를 준비하기 위한 재테크의 수단으로 여러 가지 방법을 택할 수 있을 것이다.

그 방법은 자신의 위치와 취향, 그리고 욕구에 따라서 달라질 수 있다. 예를 들어서 주식이나 채권에 대해서는 자신이 없어서 금융상품에 의지하여 재테크를 하려는 뉴 써티, 이와는 달리 급속한 재산 증식을 원해서 펀드를 통해서 재산을 증식시키고 싶은 뉴 써티 등  여러 가지로 택할 수 있다.

또한 재테크 목적에 있어서 집을 늘리려는 뉴 써티, 서울로 이사 가기를 원하는 뉴 써티 등 그 목적도 여러 가지가 있을 것이다. 이렇게 다양한 방법과 목적을 가진 뉴 써티들에게 재테크 사례와 함께 그 사례에 대한 어드바이스와 재테크의 올바른 방법을 제시해주는 데에 이 글을 쓰게 된 목적이 있다.

# 차    례

## 적립식 펀드로 노후를 설계하다 059

적립식 펀드는 주식이 상당 부분을 차지하기 때문에 반드시 장기적인 안목으로 투자해야 한다. 일반적으로 목돈을 모으기 위해서는 짧게는 1년, 길게는 7년 정도의 기간을 정하는데, 적립식 펀드는 최소 3년 이상의 투자기간을 설정하는 것이 투자 성과를 높일 수 있는 방법이다. 따라서 노후자금 마련을 위한 연금에 가입할 때 좋은 방법은 적립식 펀드를 이용하는 것이다.

## 신혼부부 평수 늘리기 081

신혼은 '허니문'을 즐기면서도 세상을 냉철하게 보는 시각이 동시에 필요한 시기이다. 결혼 후 출산 전까지는 목돈을 마련할 수 있는 좋은 기회다. 아낀 만큼 통장에 돈이 쌓이기 때문이다. 살림 기틀을 마련하는 시기이므로 세밀한 설계도가 필요한 게 바로 신혼부부들이다.

## 서울로 이사 가기 원하는 지방의 뉴 써티 099

생활비를 줄일 수 없다는 점에서 최소 리스크를 안고 고수익을 추구하는 전략을 구사해야 한다. 우선 기존 확정금리 정기적금은 해약하고 정기예금과 합산해 해외펀드 성장형 펀드로 전환한다. 자본시장이 급성장하고 있는 해외 펀드는 높은 수익률을 올릴 수 있다.

## 강남으로 이사 가기 원하는 뉴 써티의 재테크 113

뉴 써티의 재테크 중 가장 큰 화두는 '강남행'이다. 뉴 써티의 재테크 장기목표가 '10억 부자'인 사람들은 단기목표가 '강남 진입'인 경우가 대부분이다. '강남행'이 부자 되기의 지름길이라고 보는 것이다.

# 차 례

## 월수입 70%저축하여
## 16년 만에 13억 모으다　　189

재테크 포인트로 '비과세'로 해야 한다. 금융소득에서 각종 세금으로 빠져나가는 돈이 무시하지 못할 정도이기 때문이다. 부동산 투자를 해본 사람이라면 절세의 중요성을 깨달을 것이다. 비과세 상품은 증여세나 상속세 부담이 덜하기 때문에 펀드며 보험이며 모두 비과세 상품에 가입하라.

## 연말정산
## 연초부터 준비하여 소득공제 받자　　199

버거운 세금에 상대적 박탈감을 느끼는 샐러리맨에게, 1년에 한 번씩 연말이 되면 매달 월급에서 꼬박꼬박 뗀 소득세를 한꺼번에 돌려받을 수 있는 연말정산은 최대의 재테크이자 '세테크'이다. 보험료와 의료비는 기본이고 틈새의 공제대상까지 조금만 신경을 쓰면 정직하게 세금을 줄일 수 있다.

## 풍요로운
## 제2인생을 위하여　　207

우리가 사망할 때까지 필요한 인생 필요자금은 얼마나 될까? 필요자금을 분석하기 위해서는 인생을 살면서 가장 큰돈이 소요되는 5가지 항목을 고려해야 한다. 이를 흔히 '5대 자금'이라 하는데, 여기에는 생활비, 은퇴자금(노후생활비), 주택구입자금, 자녀교육·결혼자금, 그리고 긴급예비자금 등이 포함된다.

# 자산과 부채는 얼마인지 파악하는 일부터 한다

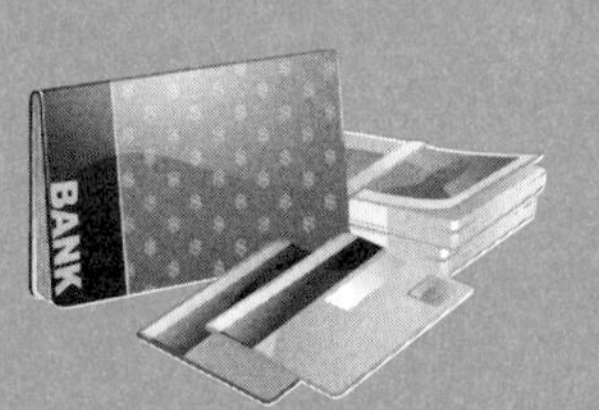


조건이 맞지 않으면 재테크의 성공은 매우 어렵다고 할 수 있다.
무엇보다도 이런 조건들이 충족되어 있는지 파악하고,
만약 어느 한 가지 조건이라도 해당되지 않으면
그 조건을 해결한 이후에 재테크를 시작해야 한다.

# 재테크 사례와 어드바이스

서울의 중소기업의 팀장으로 있는 현명한 씨는 재테크를 시작하기 전에 먼저 자신의 자산내역부터 파악하기로 했다. 자신을 위시해서 가족의 자산이 얼마인지, 또 부채가 있으면 그것도 얼마인지 파악한 후에 재테크를 시작하기로 했다.

가족의 자산이 얼마인지 알고 수입과 자산을 효율적으로 관리하는 것이 자산을 증식시켜 나가기 위해 매우 중요하기 때문이다.

현 팀장은 현재 가족이 보유하고 있는 자본이 얼마나 되는지, 매달 얼마를 지출하고 있는지, 저축, 보험료, 교육비 등 항목별 비율은 어떠한지를 꼼꼼히 정리하여 현재와 향후의 자산과 부채를 점검해 나가기로 했다.

현 팀장은 자산 관리의 한 방법으로 신한은행의 '이 모든 계좌 통합서비스'를 이용하기로 했다. 은행, 증권, 보험 등의 여러 자산을 한 곳에 등록하여 관리하기 때문에 여러 서비스의 장점을 활용하는 것이다. 또한 국민은행의 '재무 진단 서비스' 는 예금이나 적금, 대출 보험 등의 운용방식을 체크하고 재무 목표를 달성할 수 있도록  도와주기 때문에 자산관리에 많은 도움을 받고 있다.

다른 집과 마찬가지로 현 팀장 네 가족 역시 자산 중 가장 큰 것은 집이다. 집을 마련하는 것은 자산을 증식시킬 수 있는 토대이기 때문에 현 팀장은 내 집 마련을 가장 우선적으로 실시했다. 물론 집을  마련하는 과정에 대출비용이 부채로 남아 있지만, 그 비용이 집 값의 3분의 1이라면 얼마든지 즐길 수 있는 부채라고 생각한다. 그 부채는 자산가치의 상승으로 얼마든지 상쇄될 수 있기 때문이다.

**어드바이스**

현 팀장을 위시해서 재테크를 하려는 사람은 재테크에 앞서 놓쳐서는 안 되는 것 3 가지가 있다. 이것은 사소하지만 중요한 것들로  재테크의 밑거름을 마련하는 것과 같은 것이다. 다음의 세 가지 사항은 반드시 점검해야 한다.

첫째 보장성 보험에 가입했느냐 하지 않았느냐 하는 것이다.

보장성 보험이란 암이나 교통사고 등에 대비하는 상품이다.

둘째 자신이 어떤 대출을 받고 있는지를 파악하는 것이다.

대출을 잘못 받았다가는 열심히 저축하는 것 같지만 알고 보면 앞에서 벌고 뒤로 밑지는 형국이다. 대출이 있다면 소액이라도 원금을 갚아가는 게 오히려 투자가 될 수 있는 길이다.

셋째 항상 예비자금을 준비하는 것이다. 예비자금이란 갑작스럽게 필요한 돈을 말한다.

만일 이러한 예비자금이 없는데 갑자기 돈 쓸 일이 생기면 적금을 해약하거나 갖고 있는 주식을 팔아야 한다. 예비자금은 월 평균수입의 3~5개월 치의 자금이 적당하다.

이런 예비자금은 금리가 낮은 은행에 맡길 것이 아니라 입출금이 가능한 단기금융상품에 넣어두는 지혜가 필요하다.

위의 세 가지 조건이 맞지 않으면 재테크의 성공은 매우 어렵다고 할 수 있다. 무엇보다도 이런 조건들이 충족되어 있는지 파악하고, 만약 어느 한 가지 조건이라도 해당되지 않으면 그 조건을 해결한 이후에 재테크를 시작해야 한다.

# 종자돈 마련을 최우선 목표로 정한다

종자돈이 모든 재테크의 시작이라는 것은 누구나 공감하고 있는 사실이다.

그래서 종자돈은 빨리 모으면 모을수록 좋다.

종자돈을 빨리 모으기 위해서는 우선 현실적인 목표를 정해야 한다.

목표가 정확하면 중도에 포기하지 않을 확률이 그만큼 높기 때문이다.

재테크에 성공하는 것은 거창한 계획이나 다짐이 아니라

사소한 실천이다.

# 재테크 사례와 어드바이스

현 팀장은 3년 내에 1억을 모으는 것을 목표로 삼았다.

"그래. 1억이면 무엇이든지 할 수 있다."

현 팀장이 신혼 초에 다짐한 말이다. 하지만 1억을 3년 내에 모은다는 것은 맘처럼 쉬운 일이 아니다. 그럴수록 현 팀장은 종자돈 마련을 위해 저축률을 높일 수 있는 방법을 찾아 목표를 이루고자 하였다. 그래서 우선 종자돈 1천만 원을 만들겠다는 생각을 했다. 1천만 원을 만들려면 우선 저축하는 방법밖에 없기 때문이다.

최소한 1천만 원은 있어야 투자에 종자돈이 될 수 있고, 1억을 모으는 것도 가능하기 때문이다.

**어드바이스**

종자돈이 모든 재테크의 시작이라는 것은 누구나 공감하고 있는 사실이다. 그래서 종자돈은 빨리 모으면 모을수록 좋다.

종자돈을 빨리 모으기 위해서는 우선 현실적인 목표를 정해야 한다. 목표가 정확하면 중도에 포기하지 않을 확률이 그만큼 높기 때문이다.

처음 계획을 세운 금액을 모으는 기간은 가장 짧게 잡는 것이 좋다. 기간을 너무 길게 잡으면 중도에 포기할 위험이 그만큼 크기 때문이다.

봉급자로서 1년의 총소득액이 3천만 원이라면 의지에 따라 1천만 원은 8개월이면 모을 수 있다. 반드시 1년 단위로 정해야 하는 것은 아니므로 월 평균 소득액의 250만 원의 절반인 125만 원을 매월 적립한다면 원금 1천만 원에 이자 22만 5천 원을 받을 수 있다.

| 구 분 | 적립원금 | 세금 | 세후 이자 | 세후 수령액 | 세후 금리 |
| --- | --- | --- | --- | --- | --- |
| 일반과세 | 10,000,000 | 32,125 | 182,875 | 10,187,875 | 5.03 |
| 비과세 | 10,000,000 | 0 | 225,000 | 10,225,000 | 6.00 |

여기서 중요한 것은 이자가 많고 적음이 아니라 1천만 원이 모였다는 사

실이다. 이렇게 매달 모아서 투자의 기틀이 되는 종자돈을 마련했다는 사실과 함께 풍요한 미래를 준비하는  재테크가 시작되었다는 것이 무엇보다도 현명한 씨의 마음을 벅차게 하였다.

월급으로 저축할 때 한 달 월급만 생각하지 말고 1년 동안 들어온 소득의 전부를 12개월로 계산하여 그것에서 40% 또는 50%를 저축하려고 계획을 세우는 것이 합리적인 방법이다.

1억을 목표로 세웠다고 할 때 소요 기간에 따라 달라지는 원금불입금액을 살펴보자,

| 소요 기간 | 원금불입금 |
| --- | --- |
| 6개월 | 1,638,002원 |
| 1년 | 807,103원 |
| 2년 | 392,157원 |
| 3년 | 254,259원 |
| 5년 | 144,614원 |

현명한 씨는 신혼 초이고, 맞벌이를 하고 있었으므로 지금까지 소비습관을 고쳐 나간다면 종자돈 만들기에 성공할 수 있다. 그리고 부부 수입의

60% 이상을 저축하고. 또한 보너스가 있는 달은 보너스의 80%를 저축해야 한다.

최대한 저축률을 높여야 하는 데는 또 다른 이유가 있다. 저축을 하지 않으면 아무리 아낀다고 하더라도 자신도 모르게 새는 돈이 생기게 마련이다. 따라서 '왜 돈이 생각만큼 모이지 않지' 라고 고민하기 전에 저축의 비율이 어느 정도인지를 먼저 생각한다.

종자돈 마련 과정에서 빚은 상당한 변수로 작용한다. 현재 가지고 있는 자산과 부채를 토대로 향후 부담하게 될 부채를 최소화할 때 종자돈을 만드는 속도가 빨라진다. 그러므로 무리하게 채무를 안고 있어서는 안 된다.

또한 가정을 꾸려가는 데는 항상 변수가 따르므로 비상금을 마련해두는 것도 잊지 말아야 한다. 예를 들어 집안의 대소사도 챙겨야 하며 부모님의 건강, 가족 건강에 문제가 생길 수도 있다.

종자돈을 만드는 과정에서 돈을 모으는 재미를 느껴야 한다. 계획에 차질이 생기면 돈을 모으는 재미를 잃어버릴 수 있으므로 처음부터 실현 가능한 목표를 정해 구체적인 계획을 세우도록 한다.

종자돈 만들기 계획을 성공하기 위해서는 무엇보다도 현재 상황에서 최대한 아껴 저축해야 한다.

재테크를 시작하면서 어느 정도의 저축으로 얼마의 기간 동안 얼마를 모을 것인가, 어떤 금융상품과 투자 상품으로 어떻게 수익률을 높이고 안정성을 유지하며 저축할 것인가에 대해서 구체적인 계획이 있어야 한다.

## 1. 재테크의 핵심

또한 많은 재테크 전문가들은 저축 먼저 하고 쓰라고 하지만 그것이 그렇게 말처럼 쉬운 것이 아니다.

'덜 쓰고 남는 돈을 차곡차곡 모으는 것'이 바로 재테크의 핵심이다.

한 번 시도했다가 몇 달 내에 그만두게 만드는 방법은 실패의 경력만 쌓게 되고 마지막에는 포기하게 만든다.

따라서 '먼저 자기 자신을 알고, 불필요한 소비는 줄일 것이며, 작은 저축이라도 꾸준히 하는 것'이 재테크의 첫걸음이다.

월급이 물가에 비해 충분하지 않기 때문에 저축은 도저히 꿈도 꾸지 못한다고 말하는 사람도 있을 것이다. 그러나 그런 사람도 냉정히 분석해 보면 분명히 잘못된 소비 패턴이 있을 것이다. 빚이 많아진 경위도 있을 것이다. 그런 사람일수록 자기 자신의 생활 패턴을 분석할 필요가 있는 것이다.

재테크를 성공하기 위해서는 선택과 집중을 잘 해야 한다. 이것은 재테크의 중요한 포인트이다. 그러나 선택과 집중을 통해서 돈을 모으고자 할

지라도 자신만을 위해 돈을 모을 줄만 알고 다른 사람에게 인색한 구두쇠가 되어서는 안 된다.

구체적으로 어떤 것을 선택해야 하고 어디에 집중해야 하는가에 대해서는 가족과 상의하는 것이 좋을 것이다.

재테크에 성공하는 것은 거창한 계획이나 다짐이 아니라 사소한 실천이다. 뉴써티가 재테크를 시작하는 것은 금리나 부가가치 등을 따지지 말고 형편 되는 대로 가까운 은행에 가서 3년 만기 1,000만 원짜리 적금 통장부터 개설하는 것이다.

## 2. 자신에게 맞는 상품을 고른다

★ 돈이 필요한 시기가 3년 이내인 경우

은행적금을 주로 활용한다. 투자성향이 공격적인 사람이라도 돈 쓸 일이 3년 이내인 경우에는 적어도 저축액의 50% 이상은 저축하는 것이 좋다.

★ 돈이 필요한 시기가 3년~7년 사이

이 경우에는 펀드에 많은 비중을 두는 것이 좋다. 그러나 저축의 전부를 펀드에 투자하는 것은 바람직하지 않다. 이때에도 포트트리오로 은행적금이나 채권형 펀드, 주식형 펀드와 함께 투자하는 것이 좋다.

★ 돈이 필요한 시기가 7년~10년 사이

장기주택마련저축이 좋다. 비과세에 소득공제도 가능하지만 3년 확정 금리 이후에는 금리가 떨어지는 경우가 많고 단리이자 계산방식이기 때문에 7년~ 10년 상품으로 적합하다.

★ 돈이 필요한 시기가 10년 이상인 경우

10년이 넘을 경우에는 보험을 이용하는 것이 좋다. 비과세 혜택이 주어지는 보험 상품을 최대한 이용한다. 투자 상품으로는 변액보험, 저축상품으로는 유니버설 저축이나 연금저축을 이용한다.

|  | 정기예금 이율 | | | | 정기적금 이율 | | | |
|---|---|---|---|---|---|---|---|---|
| 은행 | 기간별 금리 | | | | 기간별 금리 | | | |
|  | 1개월 | 3개월 | 6개월 | 1년 | 6개월 | 1년 | 2년 | 3년 |
| 하나 | 3.30 | 4.50 | 4.60 | 5.10 | 3.80 | 4.10 | 4.30 | 4.40 |
| 산업 | – | 3.75 | 4.20 | 4.41 | 3.97 | 4.13 | 4.14 | – |
| 씨티 | 4.00 | 3.60 | 4.90 | 5.00 | 3.50 | 4.00 | 4.10 | 4.30 |
| SC제일 | 3.80 | 4.10 | 4.40 | 5.20 | 3.70 | 4.00 | 4.20 | 4.40 |
| 기업 | 4.08 | 4.33 | 4.65 | 4.90 | 3.60 | 4.00 | 4.20 | 4.30 |
| 옛주택 | 3.60 | 4.40 | 4.50 | 4.65 | 3.40 | 3.65 | 3.75 | 3.90 |
| 국민 | 3.60 | 4.40 | 4.50 | 4.65 | 3.40 | 3.65 | 3.75 | 3.90 |
| 농협 | 3.80 | 4.30 | 4.50 | 4.90 | 3.90 | 4.10 | 4.20 | 4.40 |
| 수협 | 4.10 | 4.50 | 4.80 | 5.00 | – | 4.40 | 4.60 | 4.80 |
| 신한 | 4.20 | 4.70 | 4.80 | 4.90 | 3.45 | 3.90 | 4.30 | 4.40 |
| 우리 | – | – | 4.30 | 4.60 | 3.60 | 3.80 | 3.90 | 4.00 |
| 외환 | – | 4.20 | 4.40 | 4.65 | 3.50 | 3.70 | 3.90 | 4.10 |

〈도표 금융상품 금리현황〉 2007년 6월 1일 현재

# 손쉬운 금융 상품부터 시작한다

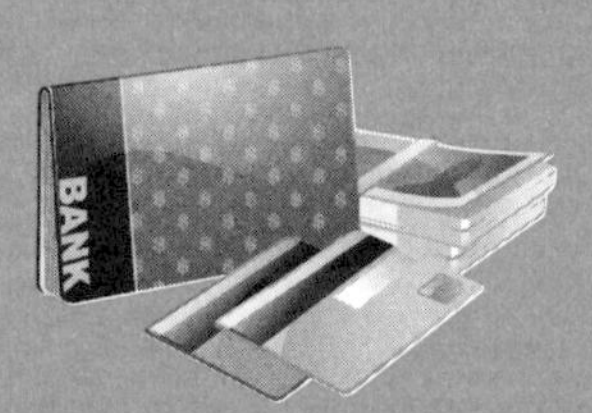

신용카드는 영화티켓 할인이 되는 것 한 장만 남기고 모두 폐기처분하라.

종신보험, 건강보험 등 여러 겹으로 안전장치도 마련해 두어라.

그러나 자신에 대한 투자도 아껴서는 안 된다.

퇴근 후 외국어나 부족한 분야에 대해서 매주 학원에 다니며

외국어 실력을 쌓는다.

이러한 삶의 자세야말로 미래를 준비하는 전형적인 뉴써티의 삶이라고 할 수 있다.

# 재테크 사례와 어드바이스

10년차 직장인인 명석한 씨는 서른 살이 되던 해에 '30대에 할 일'이란 10년짜리 재테크 계획을 짰다. 30대에 집을 마련하고 20억 원 이상 여유 자금을 마련한다는 목표를 세웠다.

명석한 씨의 월평균 생활비는 100만 원, 그리고 밥값, 술값으로 월 30만 원을 쓰는데, 그것은 그의 지출에 비해서 적은 돈이 아니지만 인적 네트워크를 구축하는 데 반드시 필요한 경비라고 그는 생각하고 있다. 그는 인적 네트워크를 두껍게 쌓아두면 그만큼 좋은 정보를 많이 들을 수 있다는 것이다.

**어드바이스**

지출을 대폭 줄여야 한다. 그리고 손쉬운 금융 상품으로 시작하라. 우선

1년 만기 1,000만 원짜리 적금 통장을 만들어라. 월급은 그저 150만 원 정도밖에 안 된다는 생각으로 살아라. 그러고도 보너스나 돈이 생기면 수시 입출금식 예금에 넣는다. 그리고 통장에 일정액이 모이면 다시 정기예금에 한꺼번에 넣는다.

처음 종자돈을 모으기가 힘들지만 어느 정도 액수가 불어날수록 탄력을 받는 법이다.

1년에 1,000만 원이 모아지면, 그 다음해부터는 월급날이 되면 적금, 펀드, 연금 세 곳에 30만 원, 30만 원, 20만 원씩 모두 100만 원이 무조건 빠져나가도록 하라.

그리고 신용카드는 영화티켓 할인이 되는 것 한 장만 남기고 모두 폐기처분하라. 카드를 여러 장 쓰니까 돈이 어디로 새는지 종잡을 수 없기 때문이다. 카드 할부구입도 절대로 하지 않도록 한다.

종신보험, 건강보험 등 여러 겹으로 안전장치도 마련해 두어라.

종신보험은 연말 보너스를 받았을 때 왕창 넣어서 가입한 후 10년 동안 낼 보험료를 한꺼번에 미리 내어버리도록 한다. 보험은 젊었을 때 하루라도 빨리 가입하는 것이 현명한 것이다.

그러나 자신에 대한 투자도 아껴서는 안 된다. 퇴근 후 외국어나 부족한 분야에 대해서 매주 학원에 다니며 외국어 실력을 쌓는다.

이러한 삶의 자세야말로 미래를 준비하는 전형적인 뉴써티의 삶이라고 할 수 있다.

# 금융상품 효과적으로 활용하기

## 1. 적금 규모 선택 시 고려할 사항

목돈을 마련하려는 계획을 세울 때는 대부분 적금 상품을 선택한다. 실제로는 맘에 꼭 드는 적금 상품을 선택하기가 쉽지 않다. 그러나 조금만 관심을 기울이면 생각보다 큰 이익을 볼 수 있는 것이 적금 상품이다.

적금을 중도에 해지하거나 더 이상 불입하지 못하고 마는 사태를 피하기 위해서는 먼저 어느 정도 규모의 적금을 불입하는 것이 좋은지에 대해 생각해야 한다. 자신에게 적합한 적금 규모를 선택하기 위해 고려할 사항들을 정리하면 다음과 같다.

### 첫째, 5년에서 10년 안의 명확한 목표를 선정할 필요가 있다.

주택을 구입하거나 사업을 시작하거나 은퇴를 하는 등의 중대한 재정적 변화에 대한 계획이 있는지를 고려해야 한다. 미래를 정확히 예측할 수는 없어도, 구체적인 목표 정도는 세우는 것이 좋다.

둘째, 대출금이 있는 경우에는 대출금 상환을 우선한다.

다만, 적금과는 달리 정기적으로 상환하는 데 절차상 번거로움이 있을 수도 있고, 자신의 성격이나 습관이 돈 관리를 잘 하지 못하는 경우에는 강제 저축을 하기 위해 비효율적이더라도 적금을 병행하는 것이 더 효과적일 수 있다. 즉, 대출금을 갚아 나가면서 자꾸 연체하거나 제때에 불입하지 못하는 사람이라면 반드시 자동이체제도를 이용하거나 아예 적금을 불입한 후에 목돈으로 대출금을 상환하는 것이 좋을 수도 있다.

셋째, 가계 월수입의 22%는 어떤 형태로든 적립해야 한다는 원칙을 지킨다.

대출금 상환도 포함되는 규모로서, 이 정도를 저축하지 못한다면 부자 되기가 힘들다고 생각한다.

소득이 적은 것도 문제이지만 소비가 많은 것은 더 문제이다. 원인이야 어찌되었든 수입의 22% 이상을 유지한다. 우리나라 평균 저축률도 23%에 이른다.

넷째, 써야 할 시기가 정해져 있다면 이 기간을 넘지 않도록 적립한다.

장기 저축이 금리가 높고 혜택이 많더라도 어쩔 수 없다. 우선적으로 지출이 예정된 항목이 있으면 모든 적금을 하나의 상품으로 하지 말고 불입

기간에 맞는 상품과 규모를 정한 다음, 나머지 자금은 가장 효과적인 상품으로 가입한다.

다섯째, 특별한 사용처가 없으면 5년 이상의 장기 상품에 여유 자금의 50%를, 그 외의 상품에 50%를 불입한다.

적금 상품은 목돈운용 상품과는 달리 지속적으로 불입하는 것이 핵심이다. 너무 단기로 치우치면 금리도 낮을 뿐더러 만기되었을 때 써 버릴 확률 또한 높아 실제로 자산을 축적하기가 어렵다.

| | 상품명 | 특 징 |
|---|---|---|
| 예금 | HSBC 다이렉트 뱅킹 | 은행 지점에 가지 않고 가입 가능, 계좌 이체 수수료가 무제한 면제, 금리는 연 3.5% |
| | 기업은행 셀프네이밍 적금 | 통장 이름을 마음대로 지을 수 있음, 금리는 연 3.9%(5월말까지 가입하면 0.2% 포인트를 더 줌) |
| | 우리은행 마이스타일 자유적금 | 통장 이름을 마음대로 지을 수 있음, 금리는 기간에 따라 연 3.70~4.30%, 계약 기간(6개월~30년)과 금리변경주기(6개월, 1년, 2년, 3년)를 선택 가능 |
| 카드 | 현대카드 알파벳 시리즈 | 항공사마일리지(A · K), 대학생(U), 자동차(M), 쇼핑(S), 이동통신(T), 재테크(I · C), 여행레저(W), 할인혜택(V) 등 총 10가지, 21개 할인 가맹점에서 연간 최고 36만 원 할인 받을 수 있음(V카드) |
| | 신한카드 스타일 카드 | 쇼핑(S), 영화(M), 외식(F)의 3가지, 주요 백화점, 대형할인점, 홈쇼핑에서 5% 할인(S카드), 멀티플렉스 영화관에서 월 1만 4천 원까지 영화 할인(M카드), 패밀리레스토랑과 커피전문점 10~30% 할인 |
| | 농협 더옴니카드 | 교육(에듀), 여행(투어&나비), 쇼핑(하나로RF)의 3가지, 일부 학원 수강료 10%할인(에듀), 여행 · 레저 · 골프 요금 5%적립(투어&나비), 하나로클럽 최고 10%할인(쇼핑) |

〈도표1. 뉴 써티의 금융상품〉

## 2. 이율 높은 상호저축은행 적극 활용한다

은행 금리 중 가장 높은 금리를 제공하는 상호저축은행은 안정성만 보장된다면 돈을 굴릴 수 있는 좋은 수단이다. 안정성의 측면에서는 일반 은행이 유리하겠지만 예금자 보호가 5,000만 원까지는 가능하므로 안정성이 있는 선에서 상호저축은행을 적절하게 활용하는 것이 좋은 재테크 방법이다.

또한 적금의 경우 6.5%인 높은 이율을 주는 은행도 있으므로 예금, 적금을 잘 활용하며 높은 수익률을 낼 수 있다.

예금에는 크게 만기에 원금과 이자를 받는 만기 지급식과 매월 이자를 받는 이자 지급식이 있다. 만기 지급식은 이자 지급식보다 이자가 0.1% 높아 유리하다.

상호저축은행 가입 시에는 우량하면서 금리가 높은 곳에 가입하는 지혜가 필요하다. 국제결제은행은 은행의 위험자산 대비 자기자본비율로 은행의 건전성과 안정성 확보를 위해 최소 자기자본비율에 대한 국제적 기준을 마련하였다.

이 기준에 따라 적용 대상 은행은 위험 자산에 대하여 최소 제1금융권은 8%, 상호저축은행은 4% 이하인 자기자본을 유지하도록 하였다. 따라서 자기자본비율이 4% 이하인 저축은행은 이용을 하지 않는 것이 안정성 측면에서 유리하다.

또한 제1은행권에서 대출 관리를 강화하면서 신용도가 낮은 고객 대출이 저축은행 등으로 몰리고 있어 부실 채권의 우려도 있으므로 저축은행의 안정성을 꼭 점검한 뒤에 가입하는 것이 좋다.

| 은행 | 정기예금(%) | 정기적금(%) | 연락처 |
| --- | --- | --- | --- |
| 솔로몬 | 5.4 | 6 | 02-2022-8012 |
| 대영 | 5.3 | 6 | 02-2056-0300 |
| 동부 | 4.8 | 6 | 02-3705-1700 |
| 제일 | 5.2 | 6 | 02-405-2000 |
| 중앙 | 5.5 | 6 | 02-540-3511 |
| 영풍 | 5.4 | 6 | 02-540-5161 |
| 한솔 | 5.2 | 5.7 | 02-3485-2300 |
| 진흥 | 5.4 | 5.2 | 02-3455-0700 |
| 푸른 | 5.4 | 6 | 02-545-9000 |
| 한국 | 5.2 | 5.2 | 02-753-3331 |
| 현대 스위스 | 5.4 | 6 | 02-3445-4100 |
| 보산 | 4.8 | 6 | 051-462-5161 |
| 유니온 | 4.6 | 4.5 | 053-256-4000 |
| 토마토 | 5.6 | 5.6 | 031-736-2100 |
| 경기 | 5.4 | 5.2 | 031-843-4300 |
| 대한 | 4.7 | 5.2 | 062-527-5701 |
| 대전 | 5.5 | 6 | 042-255-0900 |
| 경남제일 | 5 | 5 | 055-386-1961 |
| 인천 | 5.2 | 6 | 032-421-2111 |

〈도표 2, 상호저축은행의 금리〉

## 3. 복리의 상품을 선택한다

### 복리란 무엇인가?

자산관리 원칙 중 '장기투자에 있어서는 이자 계산 방법에 유의하라.' 는 말이 있다. 이것은 장기투자를 하게 되면 기간에 따른 이자 계산을 단리로 할 것인가, 복리로 할 것인가에 따라 결과가 엄청난 차이가 있기 때문이다. 즉, 장기투자의 매력은 이자에 이자가 붙는 복리 효과를 기대하는 것이므로 장기 상품을 고를 때는 복리로 계산하는지를 따져 봐야 한다.

### 단리와 복리이자 계산 사례

예를 들어 원금 10,000 원에 이자가 연 10 %라면 이자율이 1,000 원이 이자로 지급되고, 그 다음해에는 현금과 이자가 11,000 원에 대한 10 %, 이자인 1,100 원을, 그 이듬해에는 원금과 이자 12,000 원에 대한 이자인 1,210 원을 받을 수 있다

이때 10원은 이전의 이자로 지급받은 100원에 대한 이자인데. 이러한 방법을 복리법이라 한다. 물론 연간, 6개월간 혹은 다른 기준에 의하여 지급받을 수 있다.

이와 대비 개념인 '단리' 와 차이점을 보면 다음의 결과로 알 수 있다.

복리= '원금과 이자' 에 이자가 반복적으로 발생한다.

단리= '원금' 에 대해서만 이자를 받는다.

*** 원금1,000만 원을 5 %의 이율로 10년간 저축했을 때**

| 구분 | 투자금액 | 이자 | 회수 금액 | 비고 |
| --- | --- | --- | --- | --- |
| 복리 | 1,000만원 | 628만원 | 1,628만원 | 1,000만원×(1+0.005)10 |
| 단리 | 1,000만원 | 500만원 | 1,500만원 | (1,000+1,000×0.05×10) |

복리와 단리의 차이 → 128만원 투자금액이 클수록, 투자기간이 길수록 차이
폭이 큼

단리와 복리의 차이가 10년 사이에 25% 이상의 차이가 나는 것을 알 수 있다. 따라서 장기투자에 있어서는 복리 상품이 매우 유리하다는 것을 알고 상품을 꼼꼼히 살펴본 후에 가입하도록 한다.

**복리 상품을 고르자**

학창시절 수학 시간에 면적을 계산할 때 항상 제곱이라는 수치를 넣어 수치를 계산했다. 복리 또한 그런 이치로 시간이 흐름에 따라 단리와 달리 제곱의 힘은 무섭다는 것을 알게 될 것이다.

따라서 은행이나 상품을 파는 금융기관에서 다 복리로 계산해주는 것은

아니다. 그러므로 상품을 구입할 때마다 직접 확인을 해야 알 수 있는 것이다.

대부분 월 복리보다는 년 복리 계념을 적용한 상품들이 있는데, 이것은 매년 이자를 한 번 정산하고 정산된 이자를 다시 원금에 가산하여 다음해 이자를 계산하는 것이다.

가능한 월 복리 상품이나 년 복리 상품을 선택하여 가입하는 것이 좋다.

## 4. CMA(어음관리계좌) 통장을 만들어라

종금사나 증권사들이 내놓고 있는 자산관리 통장이 요사이 인기가 있는 이유는 은행예금 이상의 이자를 기대할 수 있고, 각종공과금과 계좌이체가 가능하여, 은행계좌의 편리성과 수익성을 함께 지니고 있기 때문이다.

직장인들은 급여통장으로 이체를 한다. 하지만 공과금과 매월 정기적으로 써야 하는 돈은 기존의 은행 통장으로 사용하고 그 밖의 돈은 CMA로 저축하는 것이 좋다.

CMA 통장은 예금자 보호법에 의해 5,000만 원까지 원리금 보장이 된다. 그러나 증권회사에서 판매하는 CMA유형의 상품은 MMF의 일종으로 예금자보호법에 의해 보호되지 않는다는 점을 유의해야 한다.

동양종금회사의 CMA는 국민은행과 우리은행에서 이용할 수 있지만,

국민은행에서는 입금이 불가능하고 출금만 가능하며, 우리은행에서는 입, 출금이 모두 가능하다.

동양종금사에 가서 통장을 만들지 않아도 우리은행에 가서 신청하면 가능하다.

CMA에 가입하는 것이 지출을 최대한 줄이고, 이율도 많이 받을 수 있는 이점이 있다.

**월급은 월 지출비 외에 모두 CMA로**

한 달 살아가기 위해서 필요한 돈이 바로 월 지출비라고 할 수 있다. 따라서 당신이 월 지출비를 정확히 파악하고 있으면 월급 받은 지 한 달도 안 되어서 돈이 없어서 쩔쩔매는 일은 없을 것이다. 여기서 다음달 월급 전까지 소비를 조절하는 일이 바로 재테크의 요소라고 할 수 있다. 이렇게 작은 것에서부터 완성하면 연 재테크의 목표 달성은 물론 재테크의 최종 목표도 달성할 수 있다.

**연 지출비도 CMA통장에서 찾아 쓴다**

휴가비나 명절을 보내기 위해서 사용하는 돈도 CMA통장을 통해서 지출하도록 한다. 상여금, 휴가비 등 급여 외에 들어오는 돈은 무조건 CMA

통장에 넣어두었다가 적절히 사용하는 것이다. 이를 일반은행의 보통 통장으로 해둔다면 작으나마 이자소득을 잃게 된다. CMA는 하루만 맡겨도 연 환산 4%내외의 이자를 지급하기 때문이다.

| 종금사 | 기간별 금리 | | | |
|---|---|---|---|---|
| | 30일 | 90일 | 180일 | 365일 |
| 금호종금 | 4.18 | 4.45 | 4.63 | 4.81 |
| 동양종금증권 | 4.0 | 4.40 | 4.50 | 4.90 |
| 메리츠종금 | 4.50 | 4.60 | 4.60 | – |
| 신한종금부 | 4.25 | 4.45 | 4.55 | – |
| 우리투자증권 | 4.30 | 4.60 | 4.80 | 4.90 |
| 외환종금부 | 4.30 | 4.30 | 4.30 | 4.30 |

※ 1,000만 원 투자기준, 변동금리

〈도표 3. 각종금사별 CMA수익률〉

## 5. 단기 금융 상품에도 관심을 갖는다

단기 금융 상품 중 1~2개월의 초단기 투자에 적합한 상품은 수시 입·출금이 가능한 증권사의 머니마켓 펀드, 은행의 수시 입·출금식 예금, 종금사의 어음관리계좌가 있다. 이는 모두 일시적으로 돈이 필요할 때 이자를 받으면서 쓸 수 있는 상품이므로 잘 활용하면 도움이 된다.

물론 본인의 투자 성향에 따라서 다를 수 있지만 보수적인 성향이라면 확정 금리인 은행의 MMDA가 좋을 수 있고, MMF나 CMA는 수익성을 추구하는 적극적인 투자 성향을 가진 사람이나 펀드의 운용실적에 금리를 따라 제공받기 원하는 사람들에게 유리하다. 특히 MMF는 1~180일간 돈을 맡기면 기준 수익률에 따라 제공하므로 금리 차이가 크지 않지만, CMA는 기간에 따라 금리가 올라가는 형태이다.

2007년 2월 15일 기준으로 삼성증권 MMF 경우 1일을 맡기면 3.01~3.12%, 1개월은 3.35%를 제공하고, 동양종금 CMA는 1일 3.1%, 1개월 3.4%, 3개월 3.9%, 6개월 4%를 제공한다. 이처럼 CMA는 기간이 길어질수록 금리를 높게 주는 장점이 있다.

두 상품 모두 수시 입·출금이 가능하지만 MMF와 CMA는 차이점이 있다. MMF는 증권 상품으로 증권 계좌를 통해 거래가 가능하고 원금이 보장되지 않는다. 하지만 CMA는 종금 상품으로 종금 계좌를 통해 거래가 가능하고 원금이 보장되는 상품이라는 점이 가장 큰 차이다. 다시 말해서 CMA는 1인당 5,000만 원까지 예금자 보호가 된다는 점이 강점이다.

요컨대 중간에 모인 자금은 세금 우대 또는 비과세 금융 상품에 투자하고, 자유 저축 예금에 있는 자금은 MMF, MMDA, CMA 등 고수익 수시 입·출금 상품을 이용하는 것이 유리하다.

# 맞벌이 부부 목돈 만들기

구체적인 재산이 어느 만큼이며 이것에 부채를 제외하면 실제 순자산이 얼마이고,
매월 수입과 지출은 어떨지 파악해 저축액을 가늠해 봐야 한다.
너무 무리하지 말고 목표에 맞는 계획을 설정하는 게 중요하기 때문이다.
우선 장기적으로 목표를 잡고 단계를 밟아서 계획을 세워야 한다.

# 재테크 사례와 어드바이스

서울의 모 대기업에 팀장으로 근무하며 부평에서 교사로 근무하는 부인과 맞벌이를 하는 고수익 씨. 2005년 4월에 결혼하여 결혼 2년차에 들어서고 있다.

고수익 씨 부부는 논의 끝에 부인이 3~5년 뒤에 서울이나 수도권에 보금자리를 마련한다는 계획을 세웠다. 그리고 맞벌이 부부로 고생하는 만큼 3년 안에 1억 원을 모으고 싶다는 목표도 가지고 있었다.

고수익 씨는 먼저 자신들 부부의 수입과 자산 포트트리오를 살펴보았다.

부부 수입은 월평균 475만 원이다. 순자산은 아파트 1억4,000만 원과 오피스텔 계약금 등 2억 원 정도. 다만 아파트 담보대출 1,000만 원을 상환해야 하고, 2007년부터 2010년까지 오피스텔 중도금을 내야 하는 게 부담이다.

고수익 씨는 맞벌이 부부이므로 생활비를 감안해도 소득의 50% 이상은 저축하기로 하고 매월 200만 원 가운데 주식형 적립식펀드 50만 원, 고배당 주식형 적립식펀드 50만 원, 인덱스형 적립식펀드 월50만 원 등 적립식펀드에 150만 원을 투자하고 청약부금에 50만 원을 불입하는 포트폴리오를 구성했다.

고씨 부부는 원래  맞벌이 부부의 장점을 최대로 살리기 위해 5,000만 원 정도의 담보대출을 통해 8%대 후순위채권 투자 등을 검토하고 있었다.

그것은 금융부채가 거의 없는 만큼 5,000만 원 정도를 연 5%대로 담보대출을 받으면 차액을 노릴 수 있다는 생각이었다.

대출을 받아 8.5% 후순위채권을 매입하면 세금을 뺀 뒤 실제 수익률은 7.1% 정도 될 것이며 5%대 대출을 받는다면 차액이 1~1.5% 정도 발생할 것이라고 생각해서이다. 그러나 자신들이 바라는 대로  낮은 금리로 대출받아 높은 금융수익을 얻으면 좋은 운용이 될 수 있지만 금리 상승기에 대출금리 변동 위험에 노출되므로  대출을 받아 투자하는 것은 현명하지 않을 것 같아 고민이 되었다.

**어드바이스**

투자 방향을 적립식펀드로  전환해야 한다. 왜냐하면  적립식펀드로 방향을 정한 것은 주식에 직접 투자를 하게 되면 잘못하다가는 원금도 보장하지는 못하지만, 적립식 펀드에 매월 일정 금액을 분할하여 적립한다면 분산투자로 위험을 줄일 수 있고, 주식시장이 나쁠 때도 그 후 경기가 좋아지기를 기다려 목표하는 수익을 달성한 후 해지할 수 있는 장점이 있기 때문이다.

고위험 고수익의 상품은 자신의 여유자금으로 운영해야 한다. 단기대출을 받아 장기로 운용하다 보면 갑자기 이사해야 하는 등 유동성 위험이 발생할 수 있고 후순위채권은 예금자보호 대상도 아닌 점을 고려해야 한다는 얘기다.

이와 함께 자신이 추가로 대출을 받아 부동산에 투자하는 방법은 현명하지 않다. 고수익 씨는 이미 부동산에 대한 비중이 높은 상태에서 추가적으로 부동산을 구입하면 자금 유동성에 문제를 가져와 당초 계획했던 일을 진행하지 못하는 경우도 발생할 수 있다.

고수익 씨는 현재 분양받은 오피스텔이 무이자 중도금이기는 하지만 결국 대출로 존재하는 상황이다. 따라서 입주시에 원하는 대로 매각이나 입주 등이 원활하지 않을 수도 있고 대출 등에 제한이 발생하면 큰 어려움에 직면할 수 있어 추가 대출은 곤란하다고 생각했다. 그리하여 3년 안에 10억 만들기에 대해서도 고수익 씨는 자신에게 맞는 재무 목표를 설정해야 한다.

　고수익 씨는　구체적인 재산이 어느 만큼이며 이것에 부채를 제외하면 실제 순자산이 얼마이고, 매월 수입과 지출은 어떨지 파악해 저축액을 가늠해 봐야 한다. 너무 무리하지 말고 목표에 맞는 계획을 설정하는 게 중요하기 때문이다. 10억 원 만들기도 현재 자산을 2억 원으로 볼 때 추가로 8억 원을 모아야 한다. 우선 장기적으로 목표를 잡고 단계를 밟아서 계획을 세워야 한다.

　고수익 씨는 신혼에 맞벌이면서 주말부부라는 점에서 경제적인 어려움보다는 따로 생활하면서 생기는 의사소통의 문제가 더 클 수 있으므로 누구 한 명에게 의지하기보다는 항상 의논하는 민주적인 방법으로 결정해야 한다.

# 펀드 투자 전략

## 1. 펀드의 의미와 이용 방법

펀드는 다수의 투자자들로부터 모은 자금으로 형성된 대규모의 공동 기금(Fund)을 유가증권(주로 주식, 채권, CD, CP 등)에 투자하여 그 운용에 따라 수익을 분배하는 간접투자 상품이다. 직접투자인 주식투자와는 달리 전문가가 운용하기 때문에 주식투자에 비해 안전하다.

펀드를 가입할 수 있는 곳은 은행, 증권사, 종금사 등 다양하다. 일반적으로 거래하기 편한 곳에서 구입하면 되는데, 이런 점에서 본다면 은행을 이용하는 것이 편리하다.

펀드에 가입하기 위해서는 주민등록증, 거래인감(또는 서명)을 지참한 후, 은행을 방문하여 계좌를 개설해야 한다. 각 증권사 계좌에 대해 은행 연계 계좌를 개설하면 은행을 통해서 각 증권사 계좌로 자금을 입금시킬 수 있어 인터넷으로도 펀드 거래를 쉽게 이용할 수 있다.

펀드에 처음 투자하는 경우, 관심은 많지만, 원금을 까먹을 수 있다는 불안감 때문에 선뜻 투자 결정을 하기 어렵다. 따라서 최근에는 원금을 보장하면서 은행 정기예금보다 높은 수익률을 추구하는 ELS상품이나, 소액으로도 투자가 가능한 적립식 펀드가 주목을 받고 있다.

펀드 상품에 따라 중도에 환매가 불가능한 상품이 있다. 하지만 갑자기 급전이 필요한 경우도 생기고, 금융시장이 악화되어 중도 환매하는 것이 보다 유리할 경우가 있으므로, 상품을 가입하기 전에 환매가 가능한지의 여부를 꼭 체크해야 한다.

우리나라의 증시는 변동성이 잦은 편으로 향후 경기 전망이 불투명하기 때문에 증시 활황기를 예측하는 것이 힘들다. 따라서 가급적 장기 투자를 하는 것이 유리하다.

펀드 상품의 약관에는 펀드의 투자 비율이나 보수, 환매수수료 등 상품과 관련된 내용이 상세히 설명되어 있다. 약관을 보고도 이해가 가지 않는 부분에 대해서는 해당 펀드를 판매하는 증권사나 은행의 직원에게 물어보는 것이 좋다.

## 2. 펀드와 다른 상품과의 비교

**펀드투자와 주식투자와의 비교**

소액으로, 또한 초보자라면 직접투자보다는 금융상품을 통한 간접투자에 눈을 돌려보는 것이 좋다.

주식투자에 관심을 갖고 있는 사람들은 많다. 하지만 주식투자의 경우, 성공한 투자자보다 실패한 투자자가 더 많다. 통상 주식투자를 하다 보면 그때 팔 걸 혹은 그때 살 걸 하면서 후회하는 경우가 많은데, 예측할 수 없는 것이 주식시장이기 때문이다. 더군다나 주식시장이 예측대로 움직인다고 하더라도 투자자의 마음이 시장 분위기에 따라 움직일 수 있기 때문에 주식투자로 돈을 벌기란 참 어렵다.

객관적으로 수익률만 놓고 본다면, 주식에 직접 투자한 것이 수익성이 더 클 수 있으나 투자위험이 크다는 점을 고려할 필요가 있다.

주식형 펀드란 주식 및 주식관련 파생상품에 신탁재산의 60% 이상을 투자하는 상품으로 큰 수익을 얻고자 하는 고성장 추구형 상품이라 할 수 있다. 따라서 주식형 투자신탁은 매우 공격적이며 주식시장의 하락에 따라 손실을 입을 위험이 높다. 이 유형의 상품은 다른 상품에 비해 수익률 변동 폭이 커서 위험을 감수하더라도 공격적인 투자성향을 가진 투자자에게 유리한 상품이다

인간은 누구나 본질적으로 수익이 적고 확실한 것보다는 다소 불확실하나 이윤이 더 높은 것에 매력을 느낀다. 그렇기 때문에 투기적인 모험을 즐기게 되는 것이다.

특히 주식투자의 경우, 높은 수익을 얻을 수 있다는 점이 투자자들에게 큰 매력이 되는 요소이다. 하지만 그 이면에는 엄청난 손실을 입을 수도 있다는 점을 항상 인식해야 한다.

이제 결론적으로 보았을 때 직접 투자와 간접 투자 중 어느 쪽이 더 유리할까? 명확한 결론은 없다. 사실 최고 수익률을 가지고 비교한다면, 당연히 직접투자가 월등히 유리하다.

그러나 전체적인 평균치로 본다면, 간접투자 쪽의 수익률이 더 높다는 것이 조사를 통해 여러 차례 증명되었다. 결국 직접투자에 확신이 없을 경우 간접투자를 선택하는 것이 더 유리하다는 얘기다.

### 펀드와 은행적금과의 비교

최근 은행예금보다도 인기 있는 펀드로 주가지수연계증권(ELS)을 들 수 있는데, 그 이유는 원금보전이 가능하면서 주가 등락에 따라 더 높은 수익을 기대할 수 있다는 점 때문이다.

안정성 면에서는 은행의 정기예금이 가장 안정적 투자대상이라고 할 수 있다. 그럼에도 불구하고, ELS 펀드가 관심을 끄는 것은 역시 수익률 때문이다.

예금이나 적금 모두 안정성 면에서는 펀드에 투자하는 것보다 월등히 낮지만, 수익성 면에서는 그렇지 못하기 때문에 요즘 은행권에서는 적금처럼 매달 일정액을 적립하여 투자위험을 최소화한 비교적 안정한 적립식 펀드들이 많이 판매되고 있다.

적립식 펀드는 은행의 적금과 투자의 장점을 결합한 재테크 상품으로, 투자시기를 골고루 분산하여 투자위험을 낮출 수 있는 이점이 있다.

적립식 펀드에 투자하면 종목분산, 시간분산, 장기투자를 통해 시장의 변동성을 축소시키는 장점이 있다. 따라서 단기간에 목돈을 마련하고자 한다면, 적립식 펀드보다는 은행의 세금우대 적금을 이용하는 게 차라리 낫다.

## 3. 펀드의 기준가격과 수익률

### 펀드의 기준가격

펀드도 주식과 마찬가지로 가격이 붙는다. 모든 펀드는 주가처럼 자신의 가치를 나타내는데 이것을 '기준가격' 이라 한다.

펀드의 전날 자산가치와 당일 자산가치를 비교하면 하루의 투자수익을 계산할 수 있다. 그런데 만약 하루의 수익률이 1.5%라고 하면 투자자들은 이것만을 보고 자신의 펀드가 얼마나 수익을 올렸는지 알 수 없으므로 그래서 나온 것이 기준가격이다.

다음 표는 2007년 6월 10일에 만들어진 4일 동안에 올린 수익률을 나타낸 것이다. 처음에 펀드 기준가격은 1,000원이었다. 그런데 첫날 1.5%의 수익을 올렸으므로 이를 가격으로 환산하면 1,015.00원이 된다. 다음날에는 2%의 수익률이 더 발생하였으므로 이틀간의 누적수익률은 3.53%가 되었다. 그리고 이것을 다시 기준가격으로 환산하면 1,035.00원이 된다.

이런 식으로 펀드수익률을 매일 누적하고, 이를 기준가격으로 표현하면 가격만 보고도 얼마나 수익이 났는지 알 수 있다.

| 날짜 | 펀드수익률 | 누적수익률 | 펀드의 기준가격 |
| --- | --- | --- | --- |
| 2007-6.10 | 1.5000% | 1.5000% | 1,000×(1+0.015000)=1,015.00원 |
| 2007-6.11 | 2.0000% | 3.5300% | 1,000×(1+0.035300)=1,035.30원 |
| 2007-6.12 | 1.0000% | 4.5653% | 1,000×(1+0.045653)=1,045.65원 |
| 2007-6.13 | 3.000% | 7.7023% | 1,000×(1+0.0077023)=1,077.02원 |

*대부분의 펀드는 1,000원을 기초로 기준가격을 만들어 발표한다.

**수익률 계산하기**

펀드 수익률은 두 가지 방법으로 계산한다. 즉 기준가격을 이용하는 방법과 평가액을 이용하는 방법이다.


★ 기준가격으로 투자수익률 계산하기

펀드에 가입하면 통장을 준다. 펀드를 구입한 곳(은행이나 증권회사)에 가서 통장을 찍어 보면 본인이 펀드를 구입한 날의 기준가격과 오늘의 기준가격이 나온다.

예를 들어 현명한 씨가 구입한 날의 기준가격이 1,000원이었는데 오늘 기준가격이 1,200원이라면  수익률은 20%이다. 계산방법은 현재의 기준가격을 펀드 가입시 기준가격으로 나누고 1을 뺀 다음 100을 곱하면 된다.


★ 평가액으로 투자수익률 계산하기

투자원금에 대한 평가액을 이용해 수익률을 계산하는 방법으로 기준가격을 이용해 수익률을 계산하는 것보다 좋은 방법이다.

매월 10만 원씩 3개월간 펀드에 적립한 경우에 평가액을 이용해 수익률을 계산한다.

2007년 1월에 펀드에 가입하고 매달 10만 원씩 투자한 경우에 기준가격, 매입좌수, 평가액 등이 나와 있다. 투자수익률을 계산하려면 현재의 평가액을 총투자금으로 나누고 1을 뺀 다음 100을 곱하면 된다. 마지막 3월의 투자수익률을 계산해 보면 3.54733, 즉 3.55%가 된다.

# 적립식 펀드로 노후를 설계하다

적립식 펀드는 주식이 상당 부분을 차지하기 때문에 반드시 장기적인 안목으로 투자해야 한다. 일반적으로 목돈을 모으기 위해서는 짧게는 1년, 길게는 7년 정도의 기간을 정하는데, 적립식 펀드는 최소 3년 이상의 투자기간을 설정하는 것이 투자 성과를 높일 수 있는 방법이다.

따라서 노후자금 마련을 위한 연금에 가입할 때 좋은 방법은 적립식 펀드를 이용하는 것이다.

# 재테크 사례와 어드바이스

2004년 2월 명철한 씨는 20년 후의 노후를 준비하기 위해 적립식 펀드에 가입하였다. 그리하여 2004년 2월부터 매월 월급에서 10만 원씩 적립식 펀드에 투자하였다. 그런데 그는 그해 주식시장의 동향을 보고 참지 못하여 그해 4월 말에 그때까지의 수익률을 알아보기로 했다. 그것은 희망이 없을 경우 다른 상품으로 대체하기 위해서이다.

4개월 동안 기준가격이 원금 대비 −5%하락했다가 바로 원금대비 +50%까지 올라갔지만 마지막 달에는 다시 제자리로 되돌아왔다. 즉 4개월 동안 기준가격 상승은 0%이다. 그러나 4월에 그 동안에 투자를 평가해 본 결과 4개월 동안에 고작 16.7%의 이익을 올린 것이다.

**어드바이스**

우선 명철한 씨가 투자할 때의 주식상황을 고려해야 한다. 2004년 2월에는 명철한 씨가 부근에 있는 증권회사를 찾아가 10만 원의 투자자금으로 10만 계좌를 매입했다. 그달 처음으로 매입했으므로 당연히 수익률은 0%이다. 2월에는 펀드가 설정된 지 한 달이 지났다. 불행하게도 3월의 주가지수가 하락하여 펀드의 기준가격이 1,000원에서 500원으로 폭락했다. 다시 명철한 씨는 추가로 10만 원을 투자했다. 2월과 달리 펀드가 하락했으므로 30계좌를 개설할 수 있었다. 펀드의 가격이 절반으로 폭락했으니 매입좌수는 2배로 늘어날 것이다.

명철한 씨가 2월과 3월 두 달 동안 투자한 자금은 20만 원이며, 총매입좌수는 30만 좌로 평균매입단가는 667원으로 하락했다. 펀드의 매입좌수는 30만 좌로 크게 늘었지만 명철한 씨는 현재 손실을 보고 있는 것이다. 적립식 펀드에 투자할 경우 항상 이익이 나는 것이 아니라 이처럼 손실을 볼 수 있다는 것을 이해해야 한다. 그러나 펀드의 매입량이 30만 좌로 크게 늘어났고 그 결과 매입단가가 667원으로 떨어졌기 때문에 펀드의 기준가격이 667원보다 높아지면 이익이 발생한다.

3월에는 주가가 갑자기 상승해서 주식펀드의 기준가격이 1,500원으로 올랐기 때문에 명철한 씨가 투자한 10만 원으로는 66,667 좌밖에 구입할 수 없다. 결과적으로 펀드의 매입단가는 818원으로 상승했지만, 기준가격이 1,500원이므로 =83.44%의 이익을 보게 되었다.

그런데 3월 중에 다시 주가가 하락하여 기준가격은 1,000원이 되어 명철한 씨는 4월에 적립한 10만 원으로 적립한 돈으로 10만 좌의 펀드를 추가로 매입할 수 있었고, 그 결과 평균매입단가는 887원으로 하락했다. 그러나 그 동안의 투자를 평가해본 결과 명철한 씨가 기대한 만큼  이익을 올리지 못한 것이다.

그러나 2007년은 주가가 1800선을 통과하여 유사 이래 최고치로 상승하고 있는 점을 고려해야 한다. 즉 2004년과는 전혀 다른 주식시장이 펼쳐지고 있는 것이다.

# 적립식 펀드의 투자 전략

## 1. 적립식 펀드의 이점

적립식 펀드는 주식이 상당 부분을 차지하기 때문에 반드시 장기적인 안목으로 투자해야 한다. 일반적으로 목돈을 모으기 위해서는 짧게는 1년, 길게는 7년 정도의 기간을 정하는데, 적립식 펀드는 최소 3년 이상의 투자기간을 설정하는 것이 투자 성과를 높일 수 있는 방법이다. 따라서 노후자금 마련을 위한 연금에 가입할 때 좋은 방법은 적립식 펀드를 이용하는 것이다.

적립식 투자는 자산을 축적해 높은 투자자보다 자산을 천천히 만들어 보려고 하는 투자자에게 적합한 투자 방법이다. 따라서 10년 이후 자녀의 교육비가 걱정되는 직장인이라면 미리미리 적립식펀드에 가입해 차근차근 목돈을 마련하는 것도 좋은 투자방법이다.

사실 미국·유럽 등의 선진국에서는 자녀가 대학 입학 등의 학자금으로 활용할 수 있도록 일찌감치 펀드에 가입하는 것이 보편적이다.

## 적립식 펀드 수익률은 달력에 따라 다르다

요즘 적립식 펀드 모르면 간첩이라고 할 정도다. 적립식 펀드가 우리나라 펀드의 열풍을 가져왔고, 주가지수를 1,600선까지 끌어올린 1등 공신이기 때문이다.

적립식 펀드는 매달 적금 붓듯이 주식을 매달 나눠서 투자해 주가 등락의 위험을 분산하면서 장기적으로 안정적인 수익을 올리는 펀드다.

따라서 적립식 펀드에 가입하는 사람들은 자동이체 날짜만 잘 챙겨도 1~2%의 수익률을 챙길 수 있다.

## 자동이체, 월급날은 피한다

매달 1일에 펀드에 넣는 사람과 26일에 넣는 사람의 수익률의 차이가 평균 1.43% 높은 것으로 나타났다.

펀드 평가회사인 '제로인'이 2004년 4월부터 2007년 4월까지 3년간 10개 대형 적립펀드에 매달 1일에 넣을 때와 26일에 넣을 때를 비교한 결과 위와 같은 차이가 난 것으로 나타났다. 이런 조사를 하게 된 것은 회사의 월급날이 거의 21~25일이기 때문이다.

수익률 차이가 가장 큰 펀드는 '신영마라톤주식(A형)으로 1일에 돈을 넣은 고객은 64.09%의 수익률을 올렸지만, 26일에 넣은 고객은 61.85%의 수익률로 그 차이가 2.24%에 달했다.

날짜별 평균 수익률은 1일(53.28%)로 가장 높았고, 다음으로 10일(52.52%, 21일(52.44%), 20일(52.28%), 26일(51.85%)순위였다.

월말에 수익률이 낮아진 것은 이때쯤 펀드로 돈이 들어오면서 주가가 올랐다가 월초에는 떨어지는 경우가 많기 때문이다.


**숨어 있는 환매수수료에 유의하라**

한꺼번에 목돈을 맡기는 거치식 펀드는 가입 후 3개월이 지나면 중도에 환매를 하게 되더라도 수수료를 내지 않는다.

그러나 적립식 펀드는 다르다. 만기가 3년이고 환매수수료 부과 기간이 3개월짜리 적립식 펀드에 가입한 다음 사정이 있어서 당신이 24개월 만에 그것을 환매처분하려고 했을 때 수수료를 내지 않아도 된다고 생각한다면 큰 착오이다. 최근 3개월 동안 낸 돈에서 거둔 이익의 70%를 운용회사에서 떼 간다.

즉 매달 100만 원씩 2년간 총 2400만 원을 넣었다면, 최근 3개월간 낸

300만 원을 굴려 얻은 수익의 70%를 판매수수료로 운용사가 가져간다는 뜻이다.

따라서 만기 약정을 하지 말고 가급적 짧게 가져가는 것이 유리하다.

## 4. 주식형 펀드와 채권형 펀드 투자 요령

### 주식형 펀드의 투자 요령

적은 돈으로도 효과적인 분산투자를 할 수 있다는 장점을 가진 간접투자는 장기적인 증시 활황을 예견한다면 그 어느 때보다 관심을 둬야 한다. 2007년 들어 주식시장 상승과 함께 상승 분위기를 이어가고 있다.

대세상승기에 유리한 인덱스펀드에 관심을 가져야 한다. 인덱스펀드는 증시가 대세상승기에 접어들 때 가장 확실한 수익률을 낼 수 있다. 인덱스펀드의 편입 종목 KOSPI(종합주가지수) 200(시가총액 상위 종목 2백 개) 중에서도 시가총액 상위 종목 위주로 구성되기 때문에 대형 우량주에 고루 분산투자하는 효과를 얻을 수 있다. 따라서 주가가 상승할 때 가입한다면 이론상으로 손해는 보지 않을 뿐만 아니라 주가상승 시에도 오르는 만큼 수익을 낼 수 있다. 인덱스펀드는 두 가지로 구분할 수 있다. 종합주가지수를 정확히 쫓아가고자 하는 순수 인덱스펀드와 종합주가지수 대비 초과수익을 목표로 운용하는 진보된 인덱스펀드로 나눌 수 있다.

순수인덱스펀드의 운용 목표는 종합주가지수를 얼마나 잘 쫓아가느냐에 있기 때문에 펀드 내에서 파생상품(선물이나 옵션)의 사용은 거의 하지 않고 현물 주식에만 주로 투자한다. 이론적으로 인덱스(Index)를 추종하기엔 펀드에서 발생하는 각종 비용(매매수수료, 신탁보수 등)과 지수 구성 종목이 변경될 경우 포트폴리오 재조정을 해야 함에 따라 지수를 추종한다는 게 여간 어려운 게 아니다.

**상위 10개 주식형 펀드 수익률**　　　　〈7월 5일 기준〉

| 펀드명 | 운용사 | 수익률 (1년) |
| --- | --- | --- |
| 동양중소형고배당주식 1 | 동양운용 | 67.61 |
| 미래에셋드림타겟주식형 | 미래에셋자산 | 50.41 |
| 미래에셋디스커버리주식형 | 미래에셋자산 | 49.64 |
| 유리스몰뷰티주식 C | 유리운용 | 49.42 |
| 한국밸류10년투자주식 1 | 한국밸류자산 | 48.60 |
| 미래에셋솔로몬나이스주식형 1 | 미래에셋자산 | 46.26 |
| 미래에셋솔로몬주식 1 | 미래에셋자산 | 45.59 |
| 삼성배당주장주식 1 | 삼성운용 | 45.52 |
| 미래에셋솔로몬성장주식 1 | 미래에셋자산 | 45.01 |
| 미래에셋디스커버리주식 1(CLASS-A) | 미래에셋자산 | 44.72 |
| 일반주식성장형유형펀드(349개 펀드) | | 34.82 |
| 코스피지수 | | 33.89 |

〈도표 4.상위 10개주식형펀드 수익률〉 자료제공:제로인

## 채권형 펀드의 투자 요령

제2 금융기관은 주로 그 자금을 주식·채권 등 유가증권에 투자하는데, 이때 운용실적에 대한 모든 책임은 고객이 전적으로 부담한다. 쉽게 말해 금융기관은 투자자 대신 종목을 골라서 사고파는 '투자 대행' 역할을 할 뿐이다. 따라서 운용실적에 따라 이자(배당)는 물론 원금의 손실 가능성도 있는 것이다.

## 모든 펀드는 펀드매니저를 보고 투자하라

펀드 매니저라고 하면 흔히 주식을 연상하지만, 채권을 다루는 펀드매니저들도 있다. 주식형펀드는 물론이고 채권형펀드 역시 자금을 운용하는 펀드매니저의 성향과 능력에 따라 수익률이 달라진다. 과거에는 투신사가 제시한 수익률을 보고 펀드를 선택하였다면, 채권시가평가제 실시 이후에는 투신사의 운용 능력을 따져보고 펀드를 선택해야 한다.

## 펀드 편입 채권을 반드시 확인하라

펀드를 평가할 때 두 가지 관점에 포인트를 두어야 한다. 편입한 채권의 신용등급이 낮고 수익률이 높으면 이는 투기성펀드다. 한편 신용등급이 높은 채권인데도 수익률이 높으면 이는 운용회사의 능력이 뛰어난 것으로 해석할 수 있다. 그렇다면 답은 이미 나와 있다.

펀드에 가입하려면 사전에 펀드 운용계획과 펀드명세서를 일일이 따져 봐야 한다. 수익률이 높다는 이유만으로 가입했다가 나중에 낭패를 볼 수도 있기 때문이다. 수익률만이 펀드 선택의 최우선 기준이 될 수는 없다는 뜻이다.

## 투자설명서 · 약관을 반드시 챙겨라

투자설명서나 약관 내용에는 해당 상품의 운용 내용 및 방법. 신탁약관에서 정하는 사항, 투자 대상 등이 포함된다. 그러나 금융기관 창구에서는 고객이 완벽히 이해하리라고 기대하지 않아서인지 약관 내용을 쉽게 설명한 요약서를 따로 주고 있다. 조금 어렵더라도 투자설명서와 약관을 반드시 챙겨서 읽어 보라. 법적 구속력을 갖는 약관이다. 상품설명서 등은 투자자들에게 약관 내용을 알기 쉽게 설명하는 자료에 불과하므로 애매한 대목은 서로 대조해 가면서 읽는 것도 잊지 말아야 한다.

소 잃고 외양간 고치기 식의 투자는 곤란하다. 펀드 가입 첫 출발부터 옥석을 잘 가려내는 신중함이 무엇보다 중요하다. 또한 간접투자이건 직접투자이건 간에 투자 게임에서는 타이밍이 승부를 좌우한다는 점도 명심해야 한다.

## 5. 배당주 펀드와 가치주 펀드

**배당주 펀드**

정부의 시가배당제 활성화 방침과 기업 주주에 대한 이익환원 전략에 따라 각 기업의 배당성향이 높아지자 고배당 종목에 집중 투자하는 배당주펀드의 관심이 더욱 높아지고 있다. 배당투자펀드는 배당률이 높은 유망종목에 집중 투자하는 펀드다.

개인이 직접 고배당 주식을 매입할 수 있지만 배당투자도 직접투자보다는 투신사의 배당펀드를 활용하는 간접투자가 안정적인 수익을 올릴 수 있다는 게 전문가들의 지적이다.

이는 기관투자가들이 개인보다 상대적으로 정보 수집과 분석 능력이 강하기 때문이다. 배당계획을 발표한 뒤 실제 배당을 미루는 기업들이 많아 과거 배당을 기준으로 개별종목을 직접 투자할 경우 배당수익은커녕 주가하락으로 인한 낭패를 당할 수도 있다.

일반적으로 배당전용펀드는 찬바람 불기 전인 8~9월이 가입 적기라고 한다. 에너지 관련 기업들이 주로 고배당을 하기 때문에 이들 종목들의 주가가 오르기 전인 이 때가 낮은 가격에 살 수 있는 최적기이고, 우리나라 대부분의 기업들이 12월에 결산한 후 배당금 지급이 다음에 3월 이전에 이뤄지기 때문이다.

## 가치주 펀드

하지만 최근 중간 배당이 늘어남에 따라 연간 투자 가능한 투자 수단으로 활용되고 있다. 특히 이러한 펀드들은 배당 발표 전에는 선물매도로 위험 노출도를 줄여놓고 있다가 배당 결정 임박시 배당성향이 높은 20여 개 종목을 집중 투자해 배당수익을 직접 노리든지 주가가 상당 부분 오르면 매매차익을 얻는 전략을 취한다.

배당주전용펀드는 일반 주식형보다 수익이 안정적으로 달성될 수 있어 채권투자의 대안으로 떠오르고 있다. 저평가 종목에 집중 투자하는 가치주 펀드도 주목할 필요가 있다. 가치주 펀드는 이른바 지수 등락과 무관하게 저평가 중소 우량주를 집중 발굴해 장기투자를 하는 펀드를 말한다.

이 펀드는 블루칩 종목을 대가 편입해 수익을 얻는 일반 주식형 펀드와 달리 수익성과 성장성이 좋은 중소형 우량주를 편입, 안정적인 수익을 올리는 상품이다. 특히 지수 등락폭이 좁은 박스권에 갇혀 있는 조정국면이 장기화될 경우 가치주 펀드에 대한 관심이 높으며 시장 환경보다는 해당 종목의 투자가치에 초점을 맞추는 상품이어서 한 번 주식을 사면 적정가치에 도달할 때까지 장기간 보유하기 때문에 시장 변화에 큰 흔들림이 없는 특징도 있다.

## 7. 펀드 가입 전에 고려해야 할 사항

**당신의 투자의 목표는 무엇인가?**

당신이 펀드에 투자하는 목적이 주택마련인지 노후자금 마련인지 아니면 자녀교육비를 위한 투자인지를 명확히 알아야 한다.

본서의 재테크 START 란에서 언급했듯이 재테크나 투자는 목표가 분명히 있어야 한다. 특히 위험이 많은 펀드 투자에 있어서 목표가 명확하지 않으면 실패하여 쪽박 차기 쉽다.

**투자기간을 선정하라**

목적이 정해졌으면 당연히 투자기간이 나온다. 단지 이 수치를 명확히 해야 한다는 것이다. 10년 후 내 집 마련이나 20년 후 노후설계나 수치가 명확해야 한다.

**원하는 목표금액은 얼마인가?**

내 집 마련이라면 내 집의 집값을 알아야 하고, 노후의 필요한 자금이라면 노후에 얼마가 필요한지를 알아야 한다. 주식형 펀드의 수익률은 10% 정도로 보는 것이 좋다. 장기투자는 항상 이율이 높지 않다는 것을 염두에 두어야 한다.

**당신의 투자 성향**

재테크는 외로운 싸움이다. 이 싸움을 하다 보면 스트레스를 많이 받게 된다. 스트레스를 받아가면서도 장기적으로 긴 싸움을 할 수 있는지 아니면 단기적으로는 견디어도 장기전에는 약한지 당신의 투자 성향을 알아야 한다.

## 8. 적립식펀드 지금 가입해도 될까

2006년 한 해는 가히 적립식펀드 투자 광풍이 불었던 시기라 할 수 있다. '부자 만들기', '1억 만들기' 열풍과 함께 불어닥친 적립식펀드 투자 붐과 함께 주식형 펀드 수탁고가 단 번에 20조 원을 돌파했고 계좌 수도 370만 개에 이르고 있다. 2006년 한 해에 적립식펀드에만 8조 원이 넘는 돈이 몰렸다.

널리 알려졌다시피 적립식펀드 투자란 매달 일정금액을 펀드에 투자하는 방식이다. 선진국에서는 장기적인 재테크 수단으로 이미 보편화돼 있다.

적립식펀드가 매력적인 이유는 바로 매입 단가 절감 효과가 있다는 데 있다. 즉 매달 동일한 금액으로 투자하기 때문에 주식값이 떨어지면 싼 가격에 많은 주식을 살 수 있다. 반대로 주가가 오르면 비싼 가격에 적은 주식을 사는 셈이다.

그러나 적립식펀드 투자는 장기간에 걸쳐 주식을 꾸준히 매입하기 때문에 매입단가가 평준화돼 전체적으로 투자위험을 낮추는 효과가 있다.

예를 들어 A종목의 주가가 10만 원이라고 하면 100만 원의 투자금으로는 10주밖에 사지 못하지만 주가가 5만 원으로 떨어졌다고 하면 20주를 살 수 있다. 이렇게 되면 주가와 상관없이 평균 매입단가는 계속 떨어지게 돼 있고 장기적으로 주가가 평균 이상으로 올라주기만 하면 결국 이익이 난다는 이론이다. 즉 매입비용을 평균화해 위험을 분산시키고 장기적인 이익을 추구하는 구조다.

적립식펀드의 가장 큰 매력은 투자자가 주가에 신경을 쓰지 않아도 된다는 점이다. 그냥 기계적으로 매달 돈을 통장에 집에 넣기만 하면 된다. 당장 다음날 주가가 내려가거나 오르는 건 전혀 신경 쓸 문제가 아니다.

2006년 한 해 동안 종합주가지수가 많이 올라 적립식펀드에 가입해야 하나 고민하는 투자자들이 많다.

물론 적립식펀드도 주식값이 가장 많이 올랐을 때 환매하면 가장 높은 수익을 올릴 수 있다. 그러나 바닥에서 사서 꼭지에 파는 것은 신이나 가능한 일이기 때문에 어쩔 도리가 없다. 매입단가 절감효과를 누릴 수 없기 때문이다.

목돈을 한꺼번에 집어넣는 거치식 투자는 투자시점이 가장 중요하다. 낮은 데서 사서 높은 데서 팔아야 수익이 난다. 하지만 적립식펀드는 투자시점보다는 얼마나 의지를 갖고 꾸준히 펀드에 일정금액을 납입하느냐가 가장 중요하다.

증권사 창구에는 '적립식펀드에 지금 가입해도 되나요? 늦은 건 아닌가요?' 란 질문이 가장 많이 들어온다고 한다. 이에 대해 재테크 전문가들은 방황하는 투자자들에게 이렇게 조언한다.

어차피 증시는 상승과 하락을 반복하기 때문에 3년 이상 장기투자를 한다면 투자시점은 큰 문제가 되지 않는다고. 적립식 투자에 있어서 중요한 것은 오히려 환매시점이다. 당장 주가가 빠지더라도 결국 환매 시점 주가가 가입 당시보다 높다면 수익이 나게 돼 있다. 매월 일정액을 불입해 매입단가를 낮춘 만큼 환매시점의 주가 수준이 수익률을 좌우하기 때문이다.

만약 향후 주식시장의 방향성에 대해 예측하기 힘들고 당장 주식시장이 더 오를지에 대한 확신이 없다면 더군다나 적립식펀드에 투자해야 한다.

결국 우리나라도 미국, 일본 등 선진국처럼 펀드를 통한 간접 투자가 개인자산운용의 핵심으로 자리잡아 가고 있는 추세이다. 포트폴리오 차원에서 증시에 꼭 투자해야 한다면 직접 개별 종목에 투자하는 것보다는 적립식펀드에 장기 투자하는 것이 바람직하다.

적립식펀드에 가입할 때 반드시 유의해야 하는 것이 있다. 바로 소홀히 생각하기 쉬운 수수료다. 대부분 90일 이내 펀드를 환매하면 발생한 수익금의 70~80%를 반납해야 한다. 운용수수료와 판매수수료도 운용사별로 천차만별이다. 최근에는 투자기간과 투자금액에 따라 수수료를 달리하는 '멀티클래서 펀드'도 나왔다.

각종 수수료를 얼마나 떼는지, 펀드를 중도에 상환하면 얼마나 뱉어내야 하는지 등에 대해 반드시 알아보고 이익금의 '끝전'까지 철저히 챙기는 지혜가 필요하다.

펀드에 관한 정보는 자산운용협회 홈페이지의 전자공시 사이트에서 쉽게 찾아볼 수 있다. 또 판매회사, 자산운용회사의 홈페이지와 펀드평가회사 홈페이지에서도 펀드에 관한 자료를 확인할 수 있으니 참고하는 것이 바람직하다.


## 9. 모르면 두 번 우는 펀드 세금

당신이 직장의 박 팀장과 함께 작년에 똑같이 1년 동안 펀드에 투자하여 당신은 원금에서 100만 원 손해를 본데다가 세금까지 7만 원을 내야 한다. 그런데 박 팀장은 10만 원 수익을 올리고도 세금은 단돈 2만 원밖에 내지 않았다.

왜 이런 현상이 벌어졌을까? 펀드는 주식의 매매 차익이 생겨서 생긴 이득에 대해서는 세금을 물지 않지만, 주식의 배당소득이나 채권의 이자소득, 채권의 양도소득에 대해서는 세금이 붙는다.

당신이 만약 주식에 60%를 투자하고 나머지를 채권에 투자하는 어떤 펀드에 가입했다고 가정하자. 이 펀드가 1년 동안 수익률이 10%다. 그렇다면 100만 원을 투자해서 당신은 10만 원의 수익을 올린 셈이다. 그런데 10만 원 중 8만 원은 주식의 시세차익에서 나왔고, 2만 원은 채권소득에서 나왔다면 세금은 2만 원 부분에서만 내면 된다.

그런데 당신이 똑같은 이 펀드에 가입했는데도 오히려 10만 원이나 손해를 봤다고 했을 때에도 세금을 더 내야 하는 경우가 있다. 즉 10만 원 손해의 내용이 주식투자 부분에서 15만 원을 손실, 채권 소득으로 5만 원의 이익을 보았다면 5만 원 부분에 대해서 세금을 내야 하기 때문이다.

### 과세기준가를 살펴라

펀드에서 자신이 얼마나 세금을 내야 하는지 모르는 사람이 대부분이다. 펀드를 환매할 때나 결산할 때 세금이 자동적으로 납부되기 때문이다.

당신이 펀드 투자를 할 때 발생한 수익의 얼마가 세금으로 나가는지 알고자 원한다면 '과표기준가'를 살펴보면 된다. 만일 당신이 펀드에 투자할 당시의 과표기준가가 1,000원이었는데 환매할 때 1,100원이었다면 100원에 대해서 세금이 붙는다. 즉 처음 투자할 당시의 과표기준가와 환매할 당시의 과표기준가의 차이에 의해 세금이 결정된다.

**해외 펀드도 주식부분에 대해서는 세금을 안 내도 된다**

해외 펀드에 대한 비과세 혜택은 2009년 12월까지 한시적으로 적용된다. 또 해외 펀드라도 배당소득세와 채권투자를 통한 소득세(15.4%)는 내야 한다.

# 신혼부부 평수 늘리기

신혼은 '허니문'을 즐기면서도 세상을 냉철하게 보는 시각이 동시에 필요한 시기이다.

결혼 후 출산 전까지는 목돈을 마련할 수 있는 좋은 기회다.

아낀 만큼 통장에 돈이 쌓이기 때문이다.

살림 기틀을 마련하는 시기이므로 세밀한 설계도가 필요한 게 바로 신혼부부들이다.

# 재테크 사례와 어드바이스

결혼한 지 6개월 된 박식한 씨 부부는 신혼집으로 안산시에 19평 주공 아파트를 5,000만 원에 마련했다. 남편의 직장은 산본이고 부인의 직장은 부천으로, 두 사람의 출퇴근을 고려해서 보금자리를 안산에 잡은 것이다.

박식한 씨 부부는 작지만 내 집 마련에 이어 사랑하는 사람과 분위기 있는 곳에서 맛있는 것도 먹고 싶고, 여행도 가고 싶고, 연극, 영화도 보는 등 평소 그리던 여유로운 생활을 꿈꿨다.

하지만 꿈같은 신혼여행에서 돌아온 뒤 첫 출근을 하면서 곧바로 냉혹한 현실에 직면했다. 안산에서 산본과 부천으로 출퇴근하는 일이 맞벌이 부부에게는 상당한 부담이 됐기 때문이다. 교통정체로 가끔씩 지각하는 경우도 생길 뿐만 아니라 야근이나 술자리가 있는 경우 퇴근하는 것도 만

만찮은 일이 됐다.

앞으로 아이가 생기면 육아 문제 등을 고려할 때 안산에서 계속 다니는 것은 무리라고 판단했다. 사실 아이가 생기면 양육 등으로 맞벌이를 그만두게 될 수도 있고, 직접 키우지 못해 다른 사람에게 맡기면 보육비 등의 추가 비용이 발생한다.

박식한 씨 부부는 아직 아이가 없을 때 맞벌이로 고생을 각오하고 허리띠를 졸라매 아파트의 평수를 넓히기로 결정했다. 일단 2006년 초 산본 지역으로 이사하고, 2009년에는 의왕택지지구의 민영아파트에 입주한다는 장기 계획을 세웠다. 아무래도 업무가 많은 남편의 출퇴근이 용이한 산본 지역으로 아파트를 옮기기로 한 것. 의왕택지지구의 민영아파트 입주를 계획한 것은 주변의 얘기와 현지를 직접 방문한 결과, 장기적으로 거주 환경이 괜찮을 것으로 내다봤기 때문이다.

박씨 부부는 맞벌이 부부가 되면 소득은 두 배가 되는 반면 비용은 공동으로 부담하기에 목돈 마련이 수월할 것으로 예상했다. 그러나 당초 전망과 달리 알뜰하게 생활하는 데도 목돈 마련이 쉽지 않다는 현실을 체험했다.

신혼은 '허니문'을 즐기면서도 세상을 냉철하게 보는 시각이 동시에 필요한 시기이다. 결혼 후 출산 전까지는 목돈을 마련할 수 있는 좋은 기회다. 아낀 만큼 통장에 돈이 쌓이기 때문이다. 살림 기틀을 마련하는 시기이므로 세밀한 설계도가 필요한 게 바로 신혼부부들이다.

집안의 모든 돈 관리는 알뜰한 부인이 맡고 있다. 남편의 수입은 세금을 공제하고 월 270만 원, 부인의 수입도 130만 원으로 월 400만 원의 수입이 있다.

박식한 씨 부부는 적립식펀드 월 30만 원, 적금 월 21만 원, 우체국보험 저축 월 51만 원, 종신 및 건강보험에 월 43만 원 등 총 145만 원을 저축하고 있다. 박씨 부부는 소득 중 36%를 저축하는 셈이다. 부동산 자산으로 안산시 주공아파트가 시가 5,000만 원에 달한다.

**어드바이스**

평수를 늘리기 위해서는 저축금액과 비율을 먼저 선택하고 생활에 맞춰서 써야 한다.

신혼 때 씀씀이를 줄여 내 집 마련이나 노후 대비를 위한 살림의 기초를 다져야 한다. 가장 효율적인 재테크는 일단 많이 저축하는 것이다. 자녀 교육비 등이 들어가지 않는 신혼 때가 상대적으로 여유자금이 많은 시기인 만큼 이때 최대한 많은 돈을 모아 둬야 한다는 것이다.

월급 통장에 들어오는 급여 가운데 남편의 통장에 들어오는 돈은 모두 저축으로, 부인 통장에 들어오는 금액은 생활비 등으로 사용하도록 하라. 월급 270만 원을 저축하면 소득 중 67.5%를 저축하는 것이다.

아울러 3개월 단위로 은행 계좌번호, 가입일, 만기일, 만기체크 등을 담은 저축명세표를 작성하라. 분기마다 늘어나는 금액을 확인하면 목돈 만들기에 재미가 붙고 저축하는 데 활력을 주기 때문이다.

신혼부부의 재테크는 결혼 전에 각자 갖고 있던 통장을 통합하는 것이 중요하다. 통장을 별도로 관리하면 저축 효과가 반감될 수 있다. 물론 부부간에 신용정보도 공유해야 한다. 배우자가 모르는 신용카드나 대출 등이 없어야 재테크 계획을 제대로 세울 수 있다.

우선 늘어나는 저축액으로 이자소득세 비과세에 연말정산 소득공제 혜택까지 '일석이조' 효과를 볼 수 있는 장기주택마련 저축에 가입하도록 하라. 소득공제는 연간 저축액 중 40%에 대해 300만 원까지 가능해 매월 62만 5,000원씩 불입할 경우 최고 한도액까지 소득공제를 받을 수 있다.

신혼부부지만 지금부터 노후대비 연금저축에 가입하기로 하라. 신혼부부에게는 야박한 이야기일지 모르지만 평균 수명 상승으로 일찍부터 노후에 대한 준비를 해야 한다. 연금은 일찍 시작할수록 나중에 더 크게 웃을 수 있다.

연금신탁이나 연금보험과 같은 연금저축은 노후대비 저축과 함께 세금

환급 효과도 뛰어나 세테크 수단으로 활용하기에 충분하기 때문이다. 연간 저축액에 대해 240만 원 한도로 100%를 소득공제 받을 수 있기 때문에 부부가 매월 20만 원씩 나눠서 가입해야 한다. 연금저축은 55세 이후에 연금 형태로 지급되는 만큼 목돈 마련이 아닌 노후 대비용이다.

매월 넣고 있는 우체국보험저축 51만 원을 만기 후 적립식펀드로 갈아타기로 하라. 적립식펀드는 보다 높은 수익률을 기대하는 목돈마련 투자 상품이기 때문이다.

반면 매월 43만 원을 불입하는 종신보험과 건강보험 등 보장성보험은 20만 원으로 낮추는 '보험 리모델링'을 하라

# 효과적인 대출 전략

## 1. 주택금융공사 모기지론 활용하라

최근 집값이 안정되고 있지만, 1.31조치에 따라 금융기관에서 대출을 억제하고 있어 주택담보대출을 받기가 예전 같지 않다. 따라서 내집마련을 위한 실수요자에게 그렇게 좋은 여건이라고 할 수 없다.

그러나 내 집을 마련할 때는 적절한 규모의 대출이 필요하다. 신혼부부들이 신혼 초기 저축에만 집중하다가 오히려 내 집 장만의 기회를 놓치는 경우가 많기 때문이다. 대출을 했을 때는 대출금을 갚기 위해 당분간 허리끈을 졸라맬 수밖에 없어 사실상 '강제 저축' 의 의미가 있다.

내집마련을 위해 대출을 받아야 한다면 자신의 재정 상태와 대출 규모, 금리 등에 따른 상품에 대해 자세히 알아본 후 결정하는 것이 좋다. 우선 여기서 주택금융공사 모기지론에 대해서 알아보자.

주택담보대출은 변동금리이기 때문에 이자 상환 부담이 크지만 주택금융공사 모기지론은 6.5% 고정금리라서 추가 이자부담이 없다. 모기지론은 1년 거치를 포함해 10년, 15년, 20년처럼 장기간에 걸친 대출 이용시 좋다.

주택담보대출은 융자 비율이 집 감정가액의 60%인데 비해 모기지론은 70%까지 적용되어 모기지론이 금액에서 유리하다. 연말정산시 대출이자 상환액의 최고 1,000만 원까지 소득공제 혜택을 받을 수 있다.

주택금융공사 모기지론으로 9,000만 원을 고정금리 6.5%로 20년 분할 상환할 경우 뉴 서티 부부는 처음 1년은 이자만 매월 48만 7,500원을 내고, 1년 후부터 원리금을 매월 72만 원씩 불입해야 한다. 앞으로 금리 인상 가능성이 높아 고정금리로 확정할 경우 대출이자를 절약할 수 있다.

## 2. 주택담보대출의 모든 것

내집마련을 위해 주택담보대출을 받으려면 주택의 규모, 장래 자금사정, 그 동안의 주택 소유 여부 등을 종합적으로 고려해 자신에게 가장 알맞은 대출상품을 골라야 한다.

근로자로 처음으로 집을 마련한다면 당연히 '생애최초주택구입자금대출'이라는 상품부터 문을 두드려 봐야 한다. 이 상품은 2001년부터 2003

년까지 한시적으로 운영되다 폐지된 후 다시 재개됐다.

가구원 전원이 한 번도 주택을 구입하지 않았던 가구주만 대출 대상인데 1인 단독가구주도 해당이 된다. 연소득 5,000만 원 이하인 사람이 전용면적 25.7평 이하 주택을 구입할 때, 최대 1억 5,000만 원까지 대출받을 수 있다. 다만 오피스텔은 주거용이라고 하더라도 대출취급이 불가능하다.

대출 금리는 연 5.2%로 정해졌지만 연소득이 2,000만 원 이하인 사람이라면 1억 원까지는 연 4.7%, 초과분은 연 5.2%의 금리를 각각 적용한다. 대출금 상환은 1년 거치 19년 분할균등상환 또는 3년 거치 17년 분할균등상환 중에서 고를 수 있다.

대출 신청은 소유권 이전 등기를 하기 전에 가능하며, 소유권 이전 등기를 한 경우에는 이전 등기 접수일로부터 3개월 이내까지 가능하다. 대출을 받으려면 농협, 국민은행, 우리은행에서 분양 계약서, 토지 및 건물등기부등본, 인감증명서, 주민등록등본, 호적등본 등을 제출하면 된다.

다음으로 근로자 서민주택자금 대출을 생각할 수 있다. '생애최초주택구입자금대출'과 마찬가지로 국민주택기금을 재원으로 제공되는 정책지원 자금으로 연소득 3,000만 원 이하 무주택자가 전용면적 25.7평 이하 주택을 구입할 때 이 상품으로 대출을 받을 수 있다.

근로자인지 여부는 대출 채무자를 기준으로 하며 근로소득과 사업소득이 모두 있는 경우 근로자로 간주하고 소득은 합산하여 산정한다. 근로자의 급여는 봉급, 급료, 보수, 수당 및 기타 유사한 성질의 급여를 포함한 총액을 말한다. 상여금, 일숙직비, 교통비, 위험수당, 벽지수당, 연월차수당, 시간 외 및 휴일근무수당, 식대 등 비정기적인 급여는 제외한다.

대출한도는 1억 원이며 금리는 연 5.2%이다. 연소득 2,000만 원 이하인 근로자에게는 연 4.7%의 우대금리가 적용된다. 2005년 7월 11일부터 3자녀 이상 세대인 경우 1억 5,000만 원으로 한도가 증액되었다. 농협, 국민은행, 우리은행에서 받을 수 있고 대출상환은 1년 거치 19년 분할균등상환 또는 3년 거치 17년 분할균등상환 중에서 택할 수 있다.

모기지론은 장기간 고정금리로 대출을 받으려는 사람들에게 적당하다. 모기지론은 서민들의 내집마련을 지원하기 위한 제도로 주거용 부동산을 구입하거나 확장 또는 투자를 하고자 하는 경우 부동산을 담보로 주택저당권을 발행해 장기주택자금을 대출받을 수 있는 제도이다.

이러한 모기지론은 신규구입이나 기존에 보유하고 있는 주거용 부동산을 담보로 받을 수 있는 모기지론과 중도금 지급을 위해 받을 수 있는 중도금 모기지론, 그리고 노후에 부동산을 담보로 노후생활자금을 정기적으로 지급받을 수 있는 역모기지론 등이 있다.

6억 원 미만의 아파트를 살 때 자금이 넉넉하지 않다면 주택금융공사의 모기지론을 활용하는 것이 좋다. 10~20년에 걸쳐 갚을 수 있고 3억 원 한도에서 집값의 70%까지 대출을 받을 수 있다. 금리는 연 6.5%로 높은 편이지만 최근 금리상황이 저금리 시대를 벗어나고 있어 장기적으로는 유리할 수 있다.

연소득 2,000만 원 이하라면 '서민 금리우대형 모기지론'을 이용할 만하다. 기존 연 6.5%로 일률 적용됐던 금리가 연소득 1,600만 원 초과~1,800만 원 이하 연 5.75%, 1,800만 원 초과~2,000만 원 연 6.0%로 낮춰졌다.

모기지론을 이용하면 소득공제 효과 등이 있는데 자격 요건은 근로소득자로서 세대주이며, 대출 기간이 15 년 이상, 전용면적이 25.7평 이하인 경우이다.

예를 들어 연봉 4,000만 원의 급여생활자가 2억5,000만 원의 아파트를 구입하면서 1억 원의 모기지 대출을 받은 경우에 1차년도 이자부담액이 575만 원에 적용세 율 18.7%로 환급세액이 107만5,250원으로 2 개월치 이자부담액 상당액을 환급 받게 된다. 소득공제에 따른 세액환급액을 대출이자율로 환산할 경우 1.1% 정도의 감면 혜택을 받을 수 있다.

은행 모기지론은 대출 자격에 제한이 없으며 대출기간은 10년에서 30

년까지이며 금리는 변동금리를 적용받는다. 대출가능금액은 제한이 없으며, 아파트 가격의 60%까지 받을 수 있다. 대출 후 3년까지 원금상환 유예가능하며 대출원금의 50% 내에서 만기일시 상환도 가능하다.

마지막으로 보험이나 상호저축은행 등 시중은행이 아닌 금융기관들도 주택 관련 대출상품을 많이 내놓고 있다. 이들 금융기관들이 제시하는 금리는 정부 자금과 큰 차이가 없고, 대출 대상에도 제한을 두지 않는다는 게 장점이다.

대출 한도도 대부분 집값의 60%까지이며 정부 자금처럼 한도를 별도로 설정하지 않고 있어 이들 금융기관들을 평소 이용해온 고객들이라면 굳이 은행을 찾지 않아도 된다. 다만 변동금리가 대부분이어서 자금을 대출받은 뒤 상환 계획을 잘 짜야 한다. 중도 상환 시 고액의 수수료를 받는 곳도 있으므로 반드시 사전에 대출 약관을 세심히 살펴봐야 한다.

개인사업자나 자영업자들은 주택마련시 금융기관의 단기대출상품을 이용하는 것도 좋다. 단기대출상품은 대출상환기간을 자유롭게 선택할 수 있는데 3년 정도의 단기로 대출을 받는 경우가 대부분이다.

**주택담보 대출 비교**

| 구분 | 근로자 서민주택자금 대출 | 주택금융공사 모기지론 | 서민 금리우대형 모기지론 |
|---|---|---|---|
| 자격 | 연소득 3천만 원 이하 무주택자 | 무주택자, 1주택자 | 연소득 2천만 원 이하 무주택자 |
| 대상 | 25.7평 이하 | 6억 원 이하 주택 | 3억 원 이하, 25.7평 이하 |
| 기간 | 20년 | 10년, 15년, 20년 | 10년, 15년, 20년 |
| 한도 | 집값의 70% 최고 1억 원 | 집값의 70% 최고 3억 원 | 집값의 70% 최고 1억 원 |
| 금리 | 변동금리, 연소득 3천만 원 이하 5.2%, 2천만 원 이하 4.7% | 고정금리 6.5% | 고정금리, 1,800만~2,000만 원 연 60% 1,600만~1,800만 원 연 5.75% |
| 상환 | 1년 거치 19년 분할 3년 거치 17년 분할 | 원리금균등분할상환 | 원리금균등분할상환 |
| 취급사 | 국민, 우리, 농협 | 전 은행, 일부 보험사 및 카드사 | 전 은행, 일부 보험사 및 카드사 |

## 4. 신용 대출의 조건

**신용관리도 재테크**

신용관리도 재테크다. 평소 철저하게 자신의 신용을 관리하면 돈이 되는 세상이다.

거래은행에서 높은 신용등급을 받으면 대출 받을 때 금리와 한도면에서 유리할 뿐만 아니라 각종 수수료를 아낄 수 있다. 은행마다 우량고객을 대상으로 다양한 수수료 면제 및 할인 혜택을 제공하기 때문이다. 은행들이 평가하는 신용등급 항목은 수백가지에 달한다. 보통 돈빌리는 사람의 직업을 비롯 연소득 근속연수 등을 기준으로 고객의 신용을 1~10등급으로 나눈다. 최고와 최저등급 간 금리차이는 5%포인트에 달한다.

**단기라도 연체는 금물**

신용평가시스템을 결정하는 항목을 직업과 연소득, 거래 규모 등 다양하다. 그 중 가장 비중이 높은 항목은 연체 경험과 채무 규모 등을 포함한 개인의 신용상태다. 신용등급의 절반 이상은 신용관리 상태에 달려 있다고 보면 된다.

'단기연체나 사소한 액수의 연체는 별 문제 없겠지'라고 생각하면 안 된다. 비싼 연체이자는 둘째치더라도 연체횟수 누적에 따른 불이익이 발생할 수 있다. 고위 공무원이라도 연체경력이 한 번이라도 있으면 6%대의 신용대출을 받기 어렵다. 대출금은 물론 카드대금, 휴대폰 요금 등도 연체로 인한 불량 정보를 남기지 않는 것이 기본 중의 기본이다.

연체를 막기 위해 이자나 대금결제는 자동 이체를 신청해 두는 것이 좋다. 이자를 내야 하는 날짜를 깜빡 잊거나 대금납부 통지를 받지 못해 본의 아니게 연체되는 경우를 미연에 방지할 수 있다. 주소가 바뀌면 은행 휴대폰 등 결제대금이 필요한 회사에 변경된 주소를 반드시 통보해야 한다. 만일 주소가 바뀌어 청구서를 받지 못해 대금결제가 되지 않으면 연체자가 될 수 있다.

### 신용관리 7계명

★ 주거래 은행을 만들어라

★ 많은 카드를 사용하지 말라

★ 수입에 맞는 부채상한선을 미리 설정하라

★ 신용상태를 주기적으로 확인하라

★ 대출금 만기를 체크하라

★ 보증은 신중하게 서라

★ 변경된 주소는 반드시 통보하라

신용카드로 현금서비스를 자주 받거나 교통범칙금을 제때 내지 않아도 불이익을 받을 수 있다. 현금서비스를 받았다면 결제일까지 기다리지 말고 여유자금이 생기면 중도에 미리 갚는 것이 바람직하다.

## 주거래 은행을 정하라

신용등급을 높이려면 주거래 은행을 적극 활용해야 한다. 한 은행에 급여와 카드대금, 공과금 이체 등의 거래를 집중해 실적을 쌓는 것이 신용관리에 유리하다. 단골고객으로 인정받으면 신용등급이 올라간다.

보증에는 신중해야 한다. 금융회사에서는 특정인이 보증섰는지 여부와 보증금액까지 조회할 수 있다. 금융회사들은 보증금액도 대출금액으로 간주한다. 보증액이 많을수록 자신의 신용도에는 마이너스가 되는 셈이다. 무분별한 보증은 자제하되 보증을 섰다면 만기 등을 점검해야 한다.

너무 잦은 신용정보 조회도 개인의 신용평가 점수를 떨어뜨릴 수 있다. 은행이나 신용카드사 등 금융회사들은 개인이 신용정보, 대출한도 등을 조회해 본 건수를 신용평가기관으로부터 제공받아 개인 신용평점시스템의 평가항목 중 하나로 활용한다. 단기간에 여러 금융회사 신용도에 문제가 있는 '요주의 인물'로 판단되기 때문이다. 일반적으로 신용조회 기록은 3년간 보존되며 금융회사 등은 금융거래 여부를 결정할 때 판단의 기준으로 삼고 있다.

# 서울로
# 이사 가기를 원하는
# **지방**의 **뉴 써티**

생활비를 줄일 수 없다는 점에서
최소 리스크를 안고 고수익을 추구하는 전략을 구사해야 한다.
우선 기존 확정금리 정기적금은 해약하고 정기예금과 합산해
해외펀드 성장형 펀드로 전환한다.
자본시장이 급성장하고 있는 해외 펀드는 높은 수익률을 올릴 수 있다.

# 재테크 사례와 어드바이스

서울 용산구 동부 이촌동에 소재한 모 협회에 근무하는 김 팀장을 가장 괴롭히는 문제는 출퇴근이다. 어렵게 안산시에 아파트를 장만했지만 하루가 다르게 악화되는 교통문제 때문에 직장이 가까운 용산지역이나 생활여건이 좋은 분당지역으로 이사를 꿈꾸고 있다.

김 팀장은 직장이 비교적 안정돼 있어서 출퇴근이 어려움은 견딜 만하지만, 부부가 맞벌이하는 이유가 딸아이의 장래 교육문제인 만큼 좀더 좋은 교육 여건을 제공하고 싶었다.

김 팀장은 자동차딜러로 일하고 있는 부인과 맞벌이를 하고 있으며 김 씨 부부 연소득은 7.500만 원, 월평균 620만 원이다.  부동산 자산은 안산시에 있는 32평형 아파트가 시가로 2억 7,000만 원.

금융 자산은 정기예금에 4.000만 원을 3.8%에 1년 동안 넣어두었다. 만기 2년의  정기적금에 50만 원을, 5년 만기 장기주택마련저축에 50만 원을 매달 불입하고 있다. 또 연금보험과 적립식펀드에 매달 30만 원씩 넣고 있다. 김 팀장의 월 저축액은 160만 원이다.

목돈 만들기를 위한 첫걸음은 절약이지만 자신들  부부는 맞벌이로 인한 생활비 증가, 부모님용돈, 자동차 유지비, 대출이자, 놀이방 비용 등으로 씀씀이를 줄이는 게 사실상 어렵다고 판단했다.

부부가 안산에서 자동차로 서울로 출퇴근하고 있어 자동차 유지비가 만만찮고 딸아이를 돌봐 주시는 부모님의 용돈도 소홀히 할 수 없으며, 더욱이 놀이방 비용, 대출이자 등 갈수록 생활비가 늘어나고 있어서 생활비 절약에 한계가 있음을 깨달았다.

따라서 김 팀장은 대출금 상환으로 매달 170만 원을 넣고 있는데 1년 후에는 대출금을 모두 갚게 돼 여유 자금으로 전환할 수 있다는 점에 초점을 맞췄다.

**어드바이스**

수익률이 높으면 위험이 크고, 위험이 작으면 수익률이 낮은 것이 일반적인 투자원칙이다. 김 팀장이 목표로 삼은 용산이나 분당지역 32평형 아파트는 대략 7억 원대다.

김 팀장의 금융자산 보유액은 정기예금 4,000만 원과 각종 적금 등을 합해 1억 원 안팎이고 부동산 자산은 2억 7,000만 원 정도다. 금융자산 1억 원에 대한 5년 평균수익률을 8%로 가정하면 1억 5,000만 원이 된다.

부동산 자산도 5년 후 물가상승률을 감안해 평균증가율을 6%로 적용하면 3억 2,000만 원이 된다. 김씨 자산은 5년 후 자연스럽게 4억 7,000만 원으로 늘어나게 된다. 따라서 7억 원에서 4억 7,000만 원을 뺀 2억 3,000만 원을 채우려면 저축액을 160만 원에서 최소한 월 300만 원 이상으로 늘려야 한다는 단순한 계산이 나온다.

김 팀장은 생활비를 줄일 수 없다는 점에서 최소 리스크를 안고 고수익을 추구하는 전략을 구사해야 한다. 우선 기존 확정금리 정기적금은 해약하고 정기예금과 합산해 해외펀드 성장형 펀드로 전환한다. 즉 정기예금 4,000만 원 가운데 인도포커스펀드에 2,000만 원, 브릭스펀드에 2,000만 원을 나눠 투자한다.

거치형 펀드에 대한 관심이 고조되고 있으며 세계적인 자산 운용사들이 대거 국내에 들어온 상태라 특히 높은 수익률을 내고 있는 인도포커스펀드나 브릭스펀드에 관심을 갖는 것이 좋다.

자본시장이 급성장하고 있는 해외 펀드는 높은 수익률을 올릴 수 있다. 실제로 모 해외운용사의 판드는 최근 1년 수익률이 약 72%를 기록한 바

있을 정도로 수익성이 높았다.

투자자들이 국내시장에 익숙한 나머지 그 동안 해외시장을 등한시했으나 해외 펀드도 안정적이고 수익률도 높아 투자처로서 적합하다고 생각했다. 물론 해외 시장은 변동성이 크기 때문에 리스크가 있다는 점을 분명히 숙지해야 한다.

해외 펀드는 장기적인 관점에서 접근하지 않으면 손해를 볼 수 있음을 유념해야 한다. 사실 해외펀드는 비교적 짭짤한 수익률을 안겨다 주지만 글로벌증시 동반하락이나 환차손 등 상황 변화에 따라서 성적표가 초라하게 나올 수 있다.

# 해외 펀드 투자 전략

## 1. 해외펀드의 종류와 매력

해외펀드에 대한 투자자들의 관심이 높아지고 있다.

전통적으로 투자인기 지역인 브라질, 러시아, 인도, 중국 등 이른바 브릭스 지역에 투자하는 펀드가 최근 몇 년 동안 높은 수익률을 올린 데 이어 안정적인 선진시장인 미국, 일본, 유럽에 투자하는 펀드도 인기를 끌고 있다.

또 2005년부터 국내 투자자들에게 특히 인기가 높은 중국과 인도만 묶어서 투자할 수 있는 '친디아' 펀드도 출시돼 투자자들 사이에서 주목받고 있다.

**해외펀드는 크게 두 가지로 구분된다**

먼저 정통 해외펀드는 특정 국가의 주식이나 채권시장에 직접 투자하는 방식이다. 이에 비해 펀드 오브 펀드는 간접투자 펀드로 여러 개의 펀드를 조합한 '종합펀드'에 다시 투자하는 형태다.

최근에는 펀드 오브 펀드가 꾸준한 관심을 받고 있다. 펀드 오브 펀드는 외국 자산운용사가 이미 다년간 운용해 1차적으로 검증을 마친 펀드를 여러 개 모아 하나의 펀드로 재구성한 상품이기 때문에 그만큼 안정성이 높다.

**해외펀드의 매력**

해외펀드의 가장 큰 매력은 직접 외국에 나가지 않더라도 외국의 다양한 상품에 투자할 수 있다는 점이다. 국내 주식시장의 심한 변동성을 걱정하는 투자자라면 미국, 일본, 유럽 등 우리나라보다 변동성이 덜한 선진 증시에 투자함으로써 걱정을 덜 수 있다.

반대로 국내 주식시장의 수익률이 너무 작다고 생각하는 투자자는 중국, 인도, 러시아 등 성장성이 높은 신흥시장에 공격적으로 투자할 수도 있다. 특히 2007년 종합주가지수가 1,700포인트를 넘나들면서 국내 증시가 얼마나 더 오를 수 있을지에 대한 불안감으로 인해 해외에 분산투자하려는 수요가 꾸준히 증가하는 추세다.

해외 펀드의 또 하나의 매력은 환율이다. 최근에 판매되고 있는 펀드들은 대부분 선물한 거래를 병행하고 있어 오히려 환차익을 노릴 수 있다. 관계자들은 연 7%대의 평균수익률 외에 선물한 마진(연 2.5%, 비과세)의 추가수익이 가능하다고 말한다. 또 해외 펀드들은 대개 가입 기간이 정해져 있지 않아 중도환매 때도 수수료를 내지 않아도 된다.


## 2. 해외 펀드 투자할 때 주의할 점

해외펀드에 투자할 때 주의할 점은 크게 세 가지다.

첫째, 해외펀드는 국내 증시가 하락할 때를 대비한 분산투자상품으로서 투자해야 한다는 것이다. 해외펀드에 전액을 '몰빵' 하는 방식의 투자는 성공을 거두기 어렵다는 얘기다. 고수익을 노리기보다는 포트폴리오상 위험분산 수단으로 해외펀드에 투자해야 한다.


둘째, 해외펀드는 투자된 돈이 투자지역 통화로 운용되기 때문에 수익률 못지 않게 환율 변수가 중요하다. 해외펀드 수익률은 결국 원화로 환산된 수익률로 결정되는데 일부 주식형 해외펀드는 선물환헤지 계약을 할 수 없는 경우도 있기 때문이다.

환헤지를 하지 않은 투자자는 펀드가 수익을 발생시켜도 원화 값이 상승하면 실제 받게 되는 원화 기준 수익률은 떨어질 수밖에 없다.

실례로 일본에 투자한 펀드는 환율 때문에 손해가 이만저만이 아니다. 2007년 초 100엔당 원화값이 990원대에서 움직였지만 같은 해 12월엔 860원대로 급등했다. 일본 펀드 수익률이 아무리 좋더라도 이를 원화로 환산하면 실제 받을 수 있는 돈이 적을 수밖에 없다.

마지막으로 해외펀드의 수수료 구조는 장기투자에 적합하다. 해외펀드 대부분이 1.5% 수준의 운용 수수료 외에 1~2%의 선취판매수수료를 받는다는 점을 감안해야 한다.

운용 수수료가 낮아 장기투자를 할 때는 국내 펀드보다 수수료가 싼 효과가 있지만 단기투자를 노린다면 오히려 총 수수료 부담이 크게 증가한다.

해외펀드도 원금손실 가능성이 있는 실적 배당형 상품이다. 특히 투자 지역에 대한 구체적인 정보를 쉽게 얻을 수 없고 환율 변동에 따라 의외의 손실이 발생할 수 있다는 점을 항상 염두에 둬야 한다.

해외펀드의 트렌드도 바뀌고 있다. 주식과 채권은 물론 금, 유가, 에너지, 선물, 부동산까지 투자 상품도 매우 다양해졌다. 그러나 투자 자료로서는 가 보지도 않은 나라의 주식과 채권은 물론 금과 에너지 가격 동향이 어떻게 움직일지 예측하는 것은 불가능하다.

따라서 해외펀드에 가입하기 전, 투자지역과 투자펀드에 대해 투자 전문가와 충분한 상담을 거친 뒤 투자를 결정해야 한다. 운용사는 믿을 만한지, 과거 수익률은 어땠는지, 환헤지는 이뤄지는지, 수수료와 환매조건은 어떤지 등에 대해 정확히 알고 투자해야 한다. 은행에서 창구직원이 소개하니까 '그냥' 가입하기보다는 전문 투자상담사의 도움을 받아 봐야 한다는 것이다.

해외펀드는 '계란을 여러 바구니에 나눠 담는' 분산투자 차원에서 전체 투자자금의 일부를 장기 투자하는 것이 바람직하다는 것을 다시 한번 강조한다. 해외펀드에 가입했다가 수익률이 잠깐 부진하다고 해서 서둘러 환매하는 것은 능사가 아니다. 단기 수익률은 낮지만 장기로 투자하면 성공을 거두는 경우가 의외로 많다.

해외펀드에 가입하면 최소한 3년 이상 묻어두겠다는 생각으로 3개월, 6개월 등 단기수익률보다는 3년 이상, 설정일 이후 등 장기수익률을 보고 상품을 선택하는 것이 무엇보다 중요하다.

### 3. 해외펀드 투자요령

첫째, 투자 운용회사의 선정이다.

해외 투자 상품은 상품을 판매하는 판매회사와 그 상품을 실제 운용하는 운용회사가 각각 따로 있는데 해외투자상품의 수익률은 운용회사의 운용능력에 의해 결정된다. 가장 알아보기 쉬운 운용능력은 과거의 실적이다.

둘째, 해당 투자 상품의 평가등급이다.

대개 해외 투자 상품들은 S&P나 MICROPAL 등과 같은 펀드 평가회사에서 등급을 나눈다.

이 평가등급은 비슷한 종류의 해외투자 상품 중에서 이 투자 상품이 어느 정도에 위치하는지 과거실적을 포함한 종합적인 평가를 하여 등급을 분류하므로 평가등급이 좋은 해외투자 상품을 선택하는 것이 유리하다.

셋째, 전문가의 도움이다.

해외 투자 상품은 상품 종류가 너무나 많아 투자자 개인이 상품을 고르기가 쉽지 않다. 훌륭한 PB나 컨설턴트는 투자자의 목적과 니즈에 맞춰 투자자를 위해 엄선된 투자 상품만을 제공한다.

## 4. 해외펀드 투자시 체크할 점

그렇지만 해외펀드 역시 실적배당 상품인 만큼 원금을 까먹을 수 있다는 점을 명심해야 한다. 수익률뿐만 아니라 다양한 요소를 꼼꼼히 살펴 봐야 한다는 얘기다. 전문가들은 해외펀드에 투자할 때 체크사항으로 다음의 일곱 가지를 꼽는다.

★ 무엇보다 중요한 것은 수익률이다.

★ 수익률만큼 중요한 위험률도 살펴야 한다. 수익률 변동폭과 각종 지표를 고려하되 변동 폭이 크면 위험도 크다는 것을 알아야 한다.

★ 주식, 채권 등의 투자비율을 챙겨봐야 한다.

★ 국가별 투자비중을 따져보라. 고 위험 고수익 국가군(이머징 마켓)에 주로 투자하는 펀드인지, 저위험 저수익 국가군(선진시장)에 투자하는 것인지 따져 자신의 투자 성향에 맞게 선택해야 한다.

★ 보유 종목의 건전성도 들여다봐야 한다.

★ 펀드 사이즈를 알아봐야 한다. 같은 성격이라면 사이즈가 큰 펀드가 덜 위험한 반면 수익률도 비례한다.

★ 펀드의 수수료 등 제반 비용을 비교해 본다.

# 강남으로 이사 가기 원하는 뉴써티의 재테크

뉴 써티의 재테크 중 가장 큰 화두는 '강남행' 이다.
뉴 써티의 재테크 장기목표가 '10억 부자' 인 사람들은
단기목표가 '강남 진입' 인 경우가 대부분이다.
'강남행' 이 부자 되기의 지름길이라고 보는 것이다.

# 재테크 사례와 어드바이스

일산 신도시에 살고 있으며, 여의도에 소재하고 있는 모 연구소의 연구원으로 있는 금부자 씨는 초등학교 4학년인 첫째아이를 생각하면 지금이라도 강남에 가야 할 것 같긴 하지만 부담이 너무 커서 고민하고 있다.

조그만 아파트 한 채에 몇 억씩 하는데 무리하게 빚을 얻어 들어갔다가는 애들 교육도 잘 시키지도 못하고 노후생활도 불안해질 것만 같다. 그렇다고 좀더 돈을 모아서 천천히 가자니 아이가 너무 커 버려 그때면 이미 늦을 것 같다.

사실 강남의 최대 강점은 자녀들에 대한 교육 환경인데 아이들이 이미 중 · 고등학교에 진학해 버린 후에 이사를 가면 별 이득이 없는 것이다. 때문에 금부자 씨는 5년 정도 허리띠를 졸라매고 열심히 돈을 모아 아이가 고등학교에 올라가기 전에는 강남으로 가겠다는 계획을 세웠다.

금부자 씨의 연봉은 6,000만 원. 월급 500만 원 중 매달 150만 원 정도를 은행에 넣고 있다. 현재 시가 4억 원짜리 아파트에 주택담보대출 2억 원을 갚아 나가고 있으며 저축해둔 돈은 3,400만 원 정도다.

**어드바이스**

뉴 서티의 재테크 중 가장 큰 화두는 '강남행'이다.

뉴 서티의 재테크 장기목표가 '10억 부자'인 사람들은 단기목표가 '강남 진입'인 경우가 대부분이다. '강남행'이 부자 되기의 지름길이라고 보는 것이다.

강남의 교육환경이나 투자가치 등을 생각하면 지금이라도 당장 가고 싶지만 돈이 없는 게 가장 큰 문제다. 웬만한 아파트들은 오를 만큼 올라 너무 비싸졌다. 사실 지금이라도 강남에 가야 하는지는 좀 의문이다. 정부에서 부동산 가격 안정에 대한 강한 의지를 내보이고 있는데 지금 집을 사버리면 조금 후에 다시 집값이 떨어지는 게 아닐까 걱정도 된다.

뉴 서티에게 노후 준비도 외면할 수 없는 관심사이다. 수명은 갈수록 늘어나는데 반해 직장생활을 할 수 있는 기간은 줄어드는 추세이기 때문이다.

금부자 씨가 지금 살고 있는 일산 아파트 시세는 4억 원이지만 대출 1

억 원을 빼면 3억 원 선이다. 금부자 씨가 염두에 두고 있는 강남의 32평형 아파트는 6억 원 안팎이다. 살고 있는 아파트를 팔고 준비한 여유자금을 더해도 2억 6,600만 원이 부족하다. 따라서 앞으로 남은 5년 동안 어떻게 돈을 모아 강남에 집을 마련하느냐가 금부자 씨의 일차적인 재테크 목표다.

금씨는 월별 지출규모 중 불필요한 부분을 줄여 매월 100만 원 정도를 더 저축해야 한다. 현재 생활비와 이자상환금 등을 제외하고 신용카드 대금 등으로 빠져나가는 지출을 모으면 한 달에 250만 원은 모을 수 있다는 얘기다. 아무리 투자형 상품이 좋다고는 하지만 여전히 재테크의 기본은 소비를 줄이는 것이다. 새나가는 구멍이 많다면 돈 모으기가 힘든 게 당연하다.

퇴직이 빨라지면서 소득이 있는 시기도 점점 짧아지기 때문에 소득이 있는 기간 동안에 집중적으로 저축을 하고, 어렵더라도 허리띠를 졸라매고 저축을 늘릴 필요가 있다.

이에 따라 매달 근로자우대저축에 50만 원, 주식형 적립식펀드에 100만 원씩, 총 150만 원을 불입하고 있는 금씨는 이 상품들을 최대한 활용한 공격형 포트폴리오를 구성해야 한다. 단기간에 자산을 집중적으로 모으기 위해서는 어느 정도 리스크를 감안해야 하기 때문이며, 리스크를 지지 않고 고수익을 기대하기는 어렵다는 얘기다.

금부자 씨는 만기가 돌아오는 근로자우대저축 대신 비과세 상품인 장기주택마련저축에 50만 원을 불입하고 주식형 적립식 펀드는 100만 원씩 유지해야 한다. 여기에 추가로 해외펀드에 50만 원, 변액연금에 50만 원씩을 더 불입해야 한다.

또 고위험 상품에 속하는 해외펀드 등에 투자해 연간 평균 수익률을 6%대 정도로 끌어올려야만 주택자금 마련 부담이 덜하다. 금리 4%대의 은행 예금·적금 통장으로는 5년 내에 2억 원 이상 모으기가 어렵기 때문이다.

해외펀드 등을 활용하면 5년 후에 금씨는 약 2억 6,200만 원을 모을 수 있게 될 것이고, 물가상승률을 감안한 강남의 집값은 6억 9,500만 원이 되어 있을 것이다. 물론 이 기간 동안에 금씨가 살고 있는 일산집도 그만큼 올라 3억 4,700만 원 정도가 되어 있을 것으로 가정하면 결국 8,600만 원이 모자란 셈이다.

결국 모자라는 이 돈은 대출을 받는 수밖에 없다. 6억 원 상당의 집에 8,000만 원 남짓한 자금을 빌리는 것은 어려운 일이 아닌 데다 대출상환금 부담도 크지 않기 때문에 별 무리는 아니라는 계산이 나온다. 특히 노년에는 공격적인 포트폴리오를 운영하기가 어렵기 때문에 한창 돈을 모을 때인 지금, 다소 공격적인 포트폴리오를 가져가는 게 좋을 것이다.

# 변액보험 투자 전략

## 1. 변액보험의 의미와 종류

**변액보험이란?**

변액보험은 고객이 낸 보험료를 펀드를 만들어  주식이나 채권에 투자하여 그 운용실적에 따라 보험금을 더 얹어주는 실적배당상품이다. 변액보험이 인기를 끌고 있는 것은  보험금에  플러스알파를 기대할 수 있기 때문이다.

기존 보험 상품은 가입 시 보험금을 미리 정하는 데 반해 변액보험은 보험사가  고객으로부터 받은 보험료를 주식이나 채권에 투자해 여기서 생기는 수익에 따라 보험금을 지급한다. 납입한 보험료 일부를 펀드로 만들어, 펀드 운용실적에 따라 보험금이 달라지는 실적형 보험으로 변액종신, 변액 유니버설 3가지 상품이 있다.

그 중 요즘 최고로 주목을 받고 있는 유니버설 보험은 펀드 운용실적에 따라 보험금이 변동되는 변액보험과 보험료 납입이나 적립금 인출시 자유로운 유니버설 보험의 장점을 합친 것으로 목돈을 굴리기에 적합한 상품이다.


**변액유니버설 보험**

변액 유니버설 보험의 종류에는 크게 은행의 예금이나 투신사의 펀드처럼 투자 기능이 있는 가산형과 보험 상품의 보장기능을 갖춘 보장형 상품으로 나눠진다. 즉 보장형은 기본적으로 보장되는 보험금이 높은 대신 펀드에 투자하는 상품이 안정적인 상품이고, 가산형은 보장되는 보험금은 적지만 펀드에 투자하는 상품은 높은 편이다.

보험액은 회사에 따라 다르지만, 일반적으로 최소 20만원씩 24개월을 의무납입하고, 그 이후에는 보험료의 2~3배까지 불입이 가능하다.

장기투자에 적합한 보험으로써 10년 이상 가입했을 때는 보험차익 (계약자가 받은 보험금에서 그 동안 불입한 보험료를 제외한 돈)에 대해 비과세 혜택을 받을 수 있다. 또한 소득공제는 보장형은 연간 보험료 중 100만원까지 공제를 받고, 가산형은 특약에 대해서만 공제를 받을 수 있다.

이 상품은 투자운용에 따라 보험금이나 환급금이 달라진다. 그러므로 안정성의 투자성향을 가지고 있다면 채권에 투자하는 것이 좋다.

변액유니버설 보험은 운용실적과 수익이 직결되므로 운용사 및 상품의 기간별 운용수익률을 반드시 점검해야 한다.

기간별 운용수익률은 생명보험협회(www.klia.or.kr) 보험상품 비교송시에 들어가서 변액보험 운용현황 중 회사별 변액보험 특별계정 현황을 살펴보면 된다.

**보험회사의 공시이율**

보험회사에서는 금리를  공시이율이라고 부른다. 일반적으로는 변동금리가 적용된다. 그러나 연금은 공시이율로 적용되지만, 보장성이 있는 특약의 경우에는 예정이율로 적용된다.

예정이율이란 생명보험회사가 장래 보험금을 지급하기 위하여 계약자의 납입 보험료를 적립해 나가는데 미리 일정한 수익을 예측하여 그 금액만큼 보험료를 할인해주는 방법을 말한다.

## 2. 변액보험 투자 시 유의사항

변액보험의 가입기간은 기본 10년 이상이다. 물론 변액 유니버셜보험은 중도 인출이 자유롭기 때문에 10년 내에 원금을 빼 쓸 수도 있다. 하지만 이때 기대수익을 내기는 어렵다.

변액보험은 가입 후 7년 동안 보험판매에 들어가는 각종 비용인 사업비를 원금에서 공제한다. 따라서 매달 60만 원씩 납입한다고 치면 이게 전부 적립되는 게 아니라 10만 원어치 사업비를 제하고 50만 원씩만 적립된다고 보면 된다. 반면 적립식펀드는 수수료로 매년 평가액의 2.5% 정도만 떼어간다.

결론은 단기투자자는 적립식펀드를, 장기투자자는 변액보험을 선택하는 게 유리하다. M사의 변액유니버셜보험과 적립식펀드에 매월 50만 원씩 불입하고 투자 수익률을 6.357%로 가정했을 경우 변액유니버셜보험의 환급액은 개월, 3년, 5년, 10년으로 장기적으로 비슷한 수준으로 접근한다.

간접 투자 상품에 투자하려면 어느 정도 가본적인 금융지식을 갖춰야 한다. 적립식펀드와 변액보험을 비교해 보면 변액보험에 가입하는 투자자는 적립식펀드에 가입할 때보다 더 많은 공부가 필요하다.

변액보험의 가장 큰 장점은 펀드 변경이 가능하다는 것이다. 주식시장이 상승하거나 채권시장이 하락할 때는 주식형으로 펀드를 갈아탈 수 있고 반대일 경우 채권형으로 교체할 수 있다. 시장을 잘 살펴보고 채권형과 주식형을 번갈아 잘 이용하면 수익 극대화도 노려볼 수 있다는 얘기다. 하지만 이 점이 바로 변액보험의 단점이 될 수도 있다.

반면 적립식펀드는 변액보험에 비해 매달 납입하는 원금이 적고 납입 기간도 짧기 때문에 큰 손실은 피할 수 있다. 하지만 펀드 변경이 안 된다는 게 단점이다. 장이 하락할 때 원금 손실을 볼 수 있다는 것이다. 환매를 할 수도 있지만 이때도 환매시기를 잘 선택해야만 손해를 최소화할 수 있다.

이와 함께 유팀장은 2년 만기 정기적금도 배당형, 성장형 해외펀드로 갈아타기를 해야 한다고 조언했다. 또 월 50만 원씩 넣고 있는 장기주택마련저축은 비과세와 연말정산 등을 고려하면 20만~50만 원 증액해 70만~100만 원을 불입하는 게 좋다. 김씨 부부는 나이를 감안해 연금보험을 월 30만 원을 유지하면 된다.

**※올해초부터 6월 5일까지의 수익률**

| 보험사명 | 상품명 | 펀드명 | 수익률(%) |
|---|---|---|---|
| 신한 | VIP변액연금 Ⅲ | 인덱스형 | 17.32 |
| 미래에셋 | 미래에셋 변액연금 | 주식성장형 | 17.48 |
| AIG | 매직스타 변액연금 | 주식형 | 10.46 |
| ING | 라이프인베스트 변액연금 | 시스템주식형 | 11.23 |
| 메트라이프 | My Fund 변액연금 Ⅲ | 배당주식형 | 24.45 |
| 동양 | 수호전사 변액연금Ⅱ · Ⅲ | 성장가치주혼합형 | 16.86 |

〈도표 보험사별 올해 변액보험 수익률〉

# 3,000만 원으로 1년 만에 1,600만 원 벌다

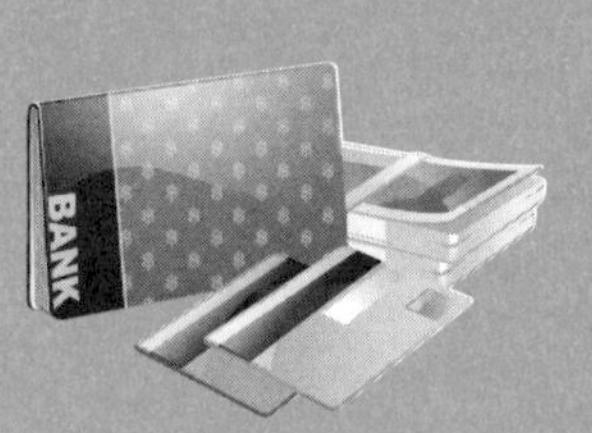


모든 투자에서 수익률이 높으면 그만큼 위험이 있으나
때로는 그 위험을 감수할 과감한 결단과 투자가 필요하다.
안정만을 추구하다가는 자본의 증식은 한계가 있기 마련이다.

# 재테크 사례와 어드바이스 1

현명한 씨는 1,000만 원을 수익률이 18%에 달하고 만기 5 년인 국채에 투자하였다. 국채는 일단 원금 보장이 확실하고 5년 후에 세금을 빼고도 원금의 두 배 이상의 돈을 받을 수 있기 때문이다. 게다가 국채는 중간에 팔아도 정기 예금에 돈을 넣는 것보다는 높은 수익을 올릴 수 있어서 현명한 씨는 안심을 하였다.

그리하여 현명한 씨는 회사채 2,000만 원어치와 만기 5년인 국채인 국민주에 투자하였다. 그로부터 5년이 지난 후에 수익을 따져봤더니 원금이 4,600만 원으로 늘어난 것이 아닌가? 그는 날아갈 것 같은 기분이었다. 이때 채권의 수익률이 연 30%였다.

채권은 예를 들어 액면 1억 원짜리라면 만기에 1억 원을 되돌려받는 것을 전제로 하고 현재의 수익률에 따라 할인된 값에 산다. 이 점이 주식이나 부동산 투자와 다르다. 채권 투자시 중요한 점은 만기상환이 확실한지에 대한 보장 여부와 매입 시기다.

회사채는 장외 채권이므로 만기까지 철저하게 가지고 가면 확정금리를 받을 수 있으나 중간에 매도했을 때는 수익률이 보장되지 않는다.

물론 모든 투자에서 수익률이 높으면 그만큼 위험이 있으나 때로는 그 위험을 감수할 과감한 결단과 투자가 필요하다. 안정만을 추구하다가는 자본의 증식은 한계가 있기 마련이다.

# 채권투자 전략

## 1. 채권의 종류와 특성

투자에 있어서 주식이나 부동산보다 초보자에게는 비교적 안전하고 투자하기가 쉽기 때문에 채권투자를 먼저 권하는 것이다.

채권(債券, bond)은 한마디로 차용증서이다. 당신이 남에게 돈을 빌릴 때 언제까지 얼마의 이자를 쳐서 갚겠다고 하는 차용증서를 써준다. 채권도 마찬가지이다. 채권을 보면 얼마를(액면) 빌려서, 언제까지(만기), 연간 몇 %의 이자(표면금리)를 지급하겠다는 약속이 들어 있다. 채권의 가격과 금리, 즉 채권 수익률은 동전의 앞뒷면과 같다고 할 수 있다.

채권은 발행 당시 원금과 이자가 확정돼 있어 만기 때 얼마를 받을지 미리 알 수 있다. 이자가 시장금리에 따라 달라지는 변동 금리부채권(FRN)도 있지만 대개는 채권 표면에 이자가 표시돼 있다.(표면금리) 발행자는 수익을 내건 그렇지 않건 이자를 지급해야 한다. 이것이 수익을 내지 못하면 배당을 하지 않아도 되는 주식과 다른 점이다.

채권은 또 기한이 정해져 있으며, 대개 3년, 5년 등 장기이다. 때문에 주식처럼 유통시장이 있어 만기 이전에 사고팔 수 있도록 돼 있다. 유동성과 환금성이 어느 정도 확보되는 것이다.

채권은 신용도가 높은 국가기관이나 주식회사 등으로 발행 자격이 한정돼 비교적 안전하다고 할 수 있다. 공사채와 회사채는 신용평가기관이 신용등급을 매기기 때문에 위험을 회피하거나 높은 이자를 받기 위해 어느 정도의 위험을 선택할 수도 있다.

채권 구입자는 표면금리에 해당하는 이자를 정기적으로 받을 수도 있고, 금리 변동에 맞춰 적기에 팔아서 이익을 올릴 수도 있다. 채권을 산 뒤 금리가 내리면 채권 값은 올라간다.

채권은 종류가 무척 많다. 주식은 보통주와 우선주 정도로 나뉘지만 채권은 같은 회사에서 발행했더라도 발행 회차가 다르면 서로 다른 채권으로 취급된다. 국내에서 발행돼 유통되는 채권은 1만 종류가 넘는 것으로 파악되고 있다.

주식은 주식회사만 발행하지만 채권은 발행할 수 있는 범위가 훨씬 넓다. 채권은 발행자에 따라 국채, 지방채, 특수채, 금융채, 회사채 등으로 나눌 수 있다.

### 2. 채권투자 요령

★ 투자목적 고려한 다음 투자한다.

채권은 발행자, 만기, 표면금리, 이자 지급방법, 세금 부과 등에 따라 종류가 다양하다. 당신이 투자하려는 자금의 성격에 맞는 채권을 선택해야 한다.

만일 가진 돈이 5년 이상 여유 있게 묻어둘 돈이라면 금리도 높고 분리과세도 되는 은행의 후순위채나 복리로 이자를 지급하는 국민주택채권(1종)에 투자하는 것이 좋다.

퇴직한 다음 퇴직금을 묻어 두고 주기적으로 지급되는 이자로 생활하려면 국고채나 회사채처럼 이표채(3개월이나 6개월 단위로 채권 뒷면의 이표를 떼어서 이자를 받는 채권)를 선택하는 것이 좋다.

★ 투자기간과 채권만기를 맞추어라.

자신이 생각하는 투자기간과 만기를 맞추는 것도 중요하다. 이것은 향후 금리가 오를지 내릴지를 예측하는 것과도 연관이 있다. 만기까지 채권을 보유하고 여기서 나오는 이자를 획득할 생각이라면 투자기간과 비슷한 범위의 채권을 가장 수익률이 높을 때(채권값이 쌀 때) 사는 것이 원칙이다. 원하는 시점에서 돈을 찾을 수 있는 환금성도 중요하기 때문이다.

하지만 앞으로 채권의 유통수익률이 내려간다고 생각하면 만기보다 좀 긴 채권을 사는 것도 좋은 방법이다. 단, 중간에 원할 때 팔 수 있는 환금성이 있는 채권이라야 한다.


★ 안정성과 수익성 중 선택하라.

안정성과 수익성은 서로 역관계이다. 채권도 마찬가지이다. 국고채나 통화안정증권처럼 정부나 한국은행이 발행한 채권은 안전하지만 상대적으로 이자율이 낮고, 회사가 파산하면서 휴지가 되는 회사채(특히, 요즘 대부분의 회사채는 무보증채이다)는 같은 3년 만기짜리도 국고채에 비해 1%포인트 이상 금리가 높다.


**신용도에 따른 채권수익률의 변화(현재)**

| 채권종류 | 발행자 | 신용도 | 수익률(%) |
| --- | --- | --- | --- |
| 국고채 | 정부 | 무위험채권 | 5.29 |
| 통화안정증권 | 한국은행 | 무위험채권 | 5.29 |
| 예금보험공사채 | 예금보험공사 | 준 무위험채권 | 5.41 |
| 산업금융채권 | 산업은행 | AAA | 5.39 |
| 은행채 | 우량증권 | AAA | 5.45 |
| 회사채 | 투자적격기업 | BBB+ | 6.23 |

그런 회사채 중에서도 삼성전자처럼 우량한 AAA급 회사채와 투자적격 등급의 마지막인 BBB급 채권 사이에는 3~4%포인트 이상 금리 차이가 있다.


★ 좋은 종목을 골라야 한다.

유리한 채권을 사려면 언제 어느 곳에서 조건이 좋은 채권이 나오는지를 알아야 한다. 최근 인기를 끌고 있는 은행의 후순위채는 발매 예고가 난 뒤 얼마 지나지 않아 매진돼 버리기 때문에 발행 정보를 관심 있게 지켜 봐야만 구할 수 있다.

국고채는 매월 첫 주~셋째 주 월요일에 입찰을 해 목요일에 발행을 하고, 한국은행이 발행하는 통화안정증권은 매주 금요일에 일반인에게도 창구판매를 한다. 이런 발행정보는 증권회사의 채권정보 사이트나 최근 들어 활발히 운영되고 있는 채권 전문 사이트를 이용하며 쉽게 얻을 수 있다.


★ 발행시장과 유통시장을 잘 선택해야 한다.

채권을 직접 사는 방법은 크게 새로 발행될 때 청약하는 것과 이미 발행돼 유통중인 채권을 사는 것이 있다.

새로 발행되는 회사채를 사려면 주간사 또는 인수단에 속한 증권사에서 청약을 하면 된다. 청약에 특별한 제약은 없으며 청약단위는 보통 1,000만 원 이상이다.

통화안정증권은 매주 금요일에 한국은행 전국 지점에서, 산업은행이 발행하는 산업금융채권은 산업은행 창구에서, 은행이 발행하는 은행채는 각 은행에서 청약을 하면 된다. 국채는 국채전문딜러 지정된 은행이나 증권사 등이 입찰을 대행하므로 이를 이용하면 된다.

**채권을 직접 살 수 있는 곳**

| 금융회사 | 취급 채권 종류 |
| --- | --- |
| 증권회사 | 국공채, 금융채, 회사채, 주식형 채권 등 대부분 채권 |
| 은행 | 은행 보유 국공채, 은행채(후순위채 포함), 산금채(산은) |
| 종금사 | 회사채와 기업어음 등 보유채권, 자체 발행 어음 |
| 한국은행 | 동화안정증권 |

유통시장에서 채권을 사려면 증권사에 계좌를 개설해야 가능하다. 주식투자를 해왔다면 주식투자를 하던 위탁계좌를 그대로 쓰면 된다.

이미 유통 중인 채권을 사는 것은 시장에서 형성되고 있는 그 채권의 유통수익률에 따라 할인된 가격으로 채권을 매입한다는 뜻이다. 때문에 1만 원당 채권의 단가가 얼마인지를 증권사에 문의해서 싼지 비싼지를 판단해야 한다.

★ 전문 증권사를 선택하는 것이 좋다.

증권사를 선택하는 것도 신경을 써야 한다. 증권사 가운데는 국민주택채권, 증권금융채권 등 특정 채권 중개를 전문으로 하는 곳이 있다. 이런 곳을 통해 사면 채권을 조금 더 유리한 가격에 살 수 있다. 회사채 등 신규 발행 물을 살 경우 주간사나 인수단 업무를 활발히 하는 증권사일수록 청약기회가 쉽게 온다. 증권사 가운데는 자투리 채권을 세일하는 경우도 있으므로 이런 증권사와 거래를 하면 유리하다.

★ 계좌 개설과 주문

채권거래계좌를 개설하기 위해서는 주민등록증과 도장(사인)을 지참하고 가까운 증권회사에서 위탁계좌를 개설하면 된다. 앞에서도 말했듯이 채권계좌와 주식계좌는 동일하다. 지금 주식 투자를 하는 계좌가 있으면 한 개의 계좌로 두 가지 모두 거래가 가능하다.

투자할 종목을 선택했으면 수익률 호가를 확인한 뒤 매매주문을 내면 된다. 호가는 각 증권사가 제공하는 호가를 활용하거나 한국증권전산에서 운영하는 체크단말기를 보면 알 수 있다.

주식투자는 증거 금률이 10~20%로 낮지만, 채권투자는 사려고 하는 액수만큼 계좌에 돈이 있어야 주문이 가능하다. 즉, 증거 금률이 100%인 셈이다. 채권을 사면 실물을 인출하기보다는 증권회사에 보관해 두는 것이 유리하다. 집에서 보관하다 잃어버리거나 유실될 위험을 피할 수 있을 뿐 아니라, 증권회사에서 이자지급, 만기관리 등의 업무를 무료로 대행해 주기 때문이다.

### 3. 후순위채권

후순위채권은 은행에서 발행하는 채권으로 확정금리를 보장하므로 안전하고, 정기예금보다 수익률이 높은 데다, 매달 혹은 3개월마다 한 번씩 이자를 받을 수 있어 편리하다.

다소 낯설게 느껴질 수 있는 후순위채권의 투자 매력을 따져 본다.

말 그대로 선순위채권에 비해 돈을 돌려받을 수 있는 순서가 뒤로 처지는 채권을 말한다. 만일 후순위채권을 발행한 은행이 망해 문을 닫을 경우 고객예금 등 일반 채권보다 변제 순위가 뒤로 밀리기 때문에 자칫 원금을 못 건질 수 있다는 얘기다. 후순위채권의 금리를 예금보다 높게 쳐주는 것은 이런 위험 때문이다.

후순위채권의 장점은 무엇보다 수익률이 높다는 것이다. 올해 새로 발행된 외환은행의 3개월 이표채(3개월마다 이자를 지급하는 형식, 만기5년 9개월)의 금리는 연 5.8%다. 불과 1년 전에 발행됐던 은행권 후순위채권의 금리가 연 7~8%였던 것에 비하면 많이 낮아졌지만 여전히 만기가 같은 정기예금에 드는 것보다 유리하다. 만기 5년짜리 정기예금이라야 연 5% 정도의 금리를 받을 수 있을 뿐이다

★ 후순위채권 구하는 절차

❶ 급하게 현금이 필요한 사람이 은행 직원에게 후순위채 매도 요청

❷ 은행에서 사내 전산망(게시판)에 게시

❸ 후순위채를 사기 원할 때는 은행 직원에게 요청

❹ 은행 직원의 소개로 후순위채를 팔 사람을 만나 채권 양수도 신청서
  작성

❺ 파는 사람이 그간 발생한 이자에 대한 세금 문 뒤 채권 양도

❻ 당신은 은행에서 양수도 신청서에 확정일자 받아 놓기(비용 건당 2
  천 원 가량 발생)

**★ 후순위채권의 종류와 투자 포인트**

후순위채권에는 1개월, 3개월마다 한 번씩 이자를 타 쓰는 이표채와 만기 때 한꺼번에 이자를 찾는 복리채 등 두 종류가 있다.

이표채는 별도 수입이 없는 퇴직생활자들이 생활비 마련을 위해 편리하게 이용할 수 있다는 이점이 있다. 이와 달리 복리채는 3개월마다 이자를 원금에 합친 뒤 복리로 계산해 주기 때문에 총 수익률이 높아지는 것이 장점이다.

신한은행이 이번에 선보인 3개월 복리채는 발행 금리가 연 5.58%이지만 복리로 계산한 6년간의 총 수익률은 39.45%에 달한다. 1억 원을 넣을 경우 일반 과세(16.5%의 세율)를 적용하면 만기 때 3,294만 750원을 돌려받게 된다.

은행에 따라 1인당 4,000만 원까지 세금우대(10.5% 세율적용)로 들 수 있고, 금융소득에 대해서는 분리과세를 신청할 수 있기 때문에 세(稅)테크 수단으로도 요긴하게 이용할 만하다.

반면 단점도 있다. 만기가 5~6년으로 길고 중도상환이 안 돼 환금성이 떨어진다. 다만 만기 전이라도 은행의 중개로 다른 사람에게 팔 수 있다. 또 5~6년간 확정금리가 지급되는 상품이기 때문에 채권을 산 뒤 시중 금리가 급등한다면 수익면에서 큰 손해를 볼 가능성도 있다. 물론 현재의 금융시장 여건으로는 저금리 기조가 한동안 지속될 것으로 보인다.

후순위채권의 장·단점을 모두 고려할 때, 5년 이상 묶어둘 수 있는 여윳돈 중 절반 가량은 언제든 필요할 때 찾아 쓸 수 있고, 시중 금리가 올라갈 경우 더 높은 수익률의 금융상품으로 갈아탈 수 있도록 MMDA 등에 넣어 두는 편이 좋다.

후순위채권은 부정기적으로 발행되기 때문에 정기예금처럼 언제나 들 수 있는 상품이 아니라는 점도 유의해야 한다. 따라서 은행이 신규 발행하는 시기를 놓쳤다면 평소 거래하는 은행의 지점에 급매로 나온 물량을 구해 달라고 부탁해야 한다.

과거 연 7~8%에 발행됐던 물량을 구할 수만 있다면 요즘 신규 발행되는 것보다 높은 수익률을 올릴 수 있지만 신규 발행분은 1,000만 원 단위로 살 수 있는 데 비해 급매로 나오는 후순위채권은 대개 매매 단위가 1억 원대로 큰 편이라고 은행 관계자들은 말한다.


## 4. 하이브리드 채권

하이브리드 채권은 주식과 채권의 중간 성격을 지닌, 말하자면 짬뽕채권이다. 만기가 사실상 반영구적이고, 일반채권은 물론이고 후순위채권보다도 상환순위가 처진다는 점은 주식과 유사하다. 반면에 이자율이 확정되어 있고, 발행자의 조기상환이 가능하며, 주식보다 변제순위가 앞선다는 점은 채권의 성격을 지니고 있다.

하이브리드 채권의 강점은 바로 높은 금리다. 은행권의 1년짜리 정기예금금리가 연 4%대 초반까지 떨어진 초저금리 시대에 하이브리드 채권은 정기예금 금리보다 2배 정도 높은 이자를 받을 수 있다. 얼마 전 큰 인기를 모았던 외환은행의 예를 살펴보자. 이 채권은 10년간은 연리 8.5%를 확정 지급하고, 그 후 20년 동안 연 10%의 이자를 보장해준다. 앞으로도 저금리 기조가 상당 기간 이어질 것으로 예상된다는 점을 감안하면 매우 높은 금리이다.

무려 30년 동안 시중 금리의 2배 가까운 이자를 지급해야 한다는 것은 장기적인 차원에서 은행경영 압박요인으로 작용한다. 그런데도 은행들이 많은 이자 부담을 감수하면서까지 하이브리드 채권을 발행하는 이유는 국제결제은행(BIS)이 요구하는 자기자본비율을 끌어올릴 수 있기 때문이다. 올 들어 은행들이 수익은 떨어지는 반면 위험자산은 크게 늘고 있어, 결국 은행들은 국제결제은행 자기자본비율 등 건전성 지표를 유지하기 위해 울며 겨자 먹기 식으로 대규모 자본 확충에 나설 수밖에 없는 상황이 된 것이다.

이 채권은 사실상 만기가 없으므로 최악의 경우 투자원금을 돌려받지 못할 수도 있다. 증권거래소에 상장되는 경우 중도에 상환을 받을 수도 있지만 제한적이다.

또한 발행 은행이 부도가 나거나 지급에 응하지 못하게 되면 이 채권은 예금이 아니기 때문에 정부로부터 예금자보호를 받을 수도 없다. 채권 발행사가 부실 금융사로 지정되거나 보통주배당을 실시하지 않을 경우에는 이자를 못 받을 가능성도 있다. 약관에 '은행이 수익이 나지 않을 경우 이자를 지급하지 않을 수 있다' 고 명시되어 있을 테니 당신이 투자를 원한다면 반드시 약관을 한번쯤은 읽어보고 투자해야 한다.

### 5. 채권의 투자 원칙

**첫째, 인내심을 가져야 한다.**

채권 가격은 유통 금리의 변화에 따라 매우 유동적이다. 따라서 만기 이전에 채권을 팔면 자칫 원금을 손해 볼 수도 있다. 그러나 당신이 채권을 만기까지 가지고 있으면 유통금리가 변하더라도 만기수익률은 달라지지 않는다. 그러므로 채권 가격이 낮을 때 만기가 오래 남은 채권을 매입하여 끝까지 갖고 있으면 만기 때 정상 가격을 되찾은 채권 액면가에 더하여 당초의 예상 수익까지 확보할 수 있다.

투자할 때는 매매차익을 얻기 위해 공격적인 투자에 나서기보다는, 자금의 성격을 감안하여 투자기간과 채권의 만기를 일치시키면서 금리가 높을 때 사서 만기까지 보유하는 투자전략을 구사하는 것이 유리하다.

### 둘째, 표면 금리가 낮은 것을 선택하라.

채권이 발행될 때 표시되는 금리로, 이자를 지급하는 기준이 되는 금리를 '표면금리' 라고 한다. 표면금리가 높은 채권은 이자소득이 그만큼 많아지므로 이자소득세를 더 내게 된다. 그러나 투자할 때는 표면금리가 아니라 유동수익률에서 실제 소득을 얻는다. 따라서 표면금리가 높은 채권일수록 실제 소득과 무관하게 많은 세금을 내게 되는 것이다. 유통수익률이 똑같은 채권이라면 표면금리가 낮은 것을 선택하는 것이 이런 면에서 현명하다.

### 셋째, 국채로 시작하라.

채권의 안정성은 국채→금융채→회사채 순이며, 수익성은 그 반대 방향인 회사채→금융채→국채 순이다. 채권에서도 고수익 · 고위험의 법칙이 적용되는 것이다. 따라서 채권투자를 처음 시작한다면 국채부터 시작하는 것이 좋다. 국채는 정부가 발행하는 채권이니만큼 안전성이 높으며 수익성도 은행의 예금상품에 뒤지지 않는다.

채권투자는 절세 효과도 높다. 만기가 1년 이상 남은 채권을 매입한 뒤 만기까지 보유하면 다른 예금과 합산해 4,000만 원 이내에서 세금 우대 혜택을 받을 수 있다. 만기가 5년 이상인 국채는 투자자의 보유 기간과 관계없이 분리과세가 가능하므로 절세 효과를 누릴 수 있다.

넷째, 매매차익에 너무 의존하지 말라.

모든 상거래가 그렇듯이 채권도 채권 가격이 쌀 때(금리가 높을 때) 사서 채권 가격이 비쌀 때(금리가 낮을 때) 팔면 돈을 남길 수 있는 법이다. 문제는 그것이 생각처럼 쉽지 않다는 데 있다.

채권 가격은 금리와 반대의 관계에 있다. 채권수익률이 오르면 채권 가격은 하락하고, 반대로 채권수익률이 하락하면 채권 가격은 오르게 된다. 따라서 금리하락이 예쌍될 때 채권을 사서 금리 상승이 예상될 때 팔아야 매매차익을 올릴 수 있는데, 이는 거시경제에 대한 이해력과 금리 예측능력이 있어야 가능한 것이다. 채권 초보자가 매매차익까지 기대하기란 매우 어려운 일이다.

다만 중도매매를 하지 않고 만기까지 보유하면 적어도 매입 당시 정해진 수익률은 확보할 수 있으므로 재테크 공부를 하는 셈치고, 거시경제에 대한 이해를 높이고 재테크 지식을 넓히기 위해서는 채권 분야에도 한번

쯤 관심을 기울여 볼 만하다.


### 다섯째, 소액투자자는 절세상품을 선택하라.

우선 1인당 2,000만 원까지 가입할 수 있는 '세금우대 소액채권저축'
에 들면 절세 효과를 볼 수 있다. 채권에 직접 투자하기가 부담스럽다면
은행이나 증권사의 수익증권 등을 통해 전문가에게 운용을 위탁하는 간
접투자도 바람직하다. 그러나 부도위험이 없는 우량회사의 채권을 선택
할 경우 최소한 매입 당시의 수익률이 만기까지 보장되는 직접투자와 달
리, 간접투자는 운용회사의 편법 운용 및 운용 방식에 따라 손실을 가져온
사례가 있는 만큼 회사 선택에 신경을 써야 한다.


### 여섯째, 직접투자는 증권사를 이용하라.

채권은 증권사 · 투신사 · 은행 등 다양한 채널을 통해 투자할 수 있다.
그러나 직접투자의 경우라면 증권사를 이용하는 것이 유리하다. 투신사
는 주로 간접투자 상품을 판매하며, 은행의 경우 채권상품 취급은 부수적
인 업무다.

투자수익률 면에서도 은행보다는 증권사를 이용하는 것이 유리하다. 예
를 들어 금융채의 경우 은행 창구에서는 발행금리를 기준으로 판매하지

만, 증권사는 유통수익률을 기준으로 판매한다. 일반적으로 발행금리가

시장유통수익률보다 낮기 때문에 증권사를 통하면 은행보다 싸게 살 수

있다.

# 재테크 사례 2

명철한 씨는 요사이 전환사채 등 주식형사채로만 재테크한다.

그는 카드사 주식을 갖고 있었기 때문에 카드사에 대한 관심이 많다. 그는 국민카드(지금은 국민은행) 공모주 청약에 참여하여 200%이상 수익을 냈었다. 하지만 한없이 오를 것만 같던 주가가 2003년에 크게 흔들렸다. 그리고 대규모 적자나는 등 유동선이 조금씩 약화되던 그때, 카드 3사는 동시에 전환사채를 대규모 발행했다.

그때 그는 가지고 있던 현금을 모두 동원하여 공모 때마다 참여했다. 그렇게 해서 약 5,000만 원어치의 채권을 보유했다. 그리고 얼마 안 있어 7~8% 프리미엄이 붙어서 회심의 미소를 지었으나 곧바로 카드사의 위기가 닥쳤다. 주가는 폭락했고, 이제는 2,000원이나 할인되어 팔렸다.

하지만 그는 침착했다. 현재의 상황은 일시적인 유동성 위기일 뿐 머지 않아 안정을 되찾을 것으로 확신했다. 또 카드업계의 성장세는 계속 이어질 것으로 전망되어 이전보다 수익성이 더 좋아질 것으로 예상했다. 그래서 남아 있던 돈으로  채권을 샀다. 남들 보기에는 투기에 가까운 모험이었지만 명철한 씨는 정석투자라고 확신했다. 그렇게 해서 평균단가를 9,000원으로 낮췄다.

오래지 않아 카드 위기는 언제 그랬냐는 듯이 잊혀졌다. 그리고 LG카드의 경우 연간 1조 원이 넘는 수익을 내기 시작하였다. 채권 프리미엄도 올랐다. 평균 2,500원 정도에 형성되었다. 그래서 전부 매도하여 40%의 수익을 남겼다.

# 주식 관련 채권 투자 전략

주식관련 채권이란 이를테면 짬뽕과 자장면을 같이 먹을 수 있는 '짬자면' 메뉴와 같은 것이다. 채권의 안정성과 주식의 높은 수익률을 동시에 보유하고 있는 채권을 말한다.

이러한 주식관련 채권에는 전환사채(CD), 신주인수권부사채가 있다. 전환사채와 신주인수권부사채는 채권만기 시 일정수익을 기대할 수 있으며 주식전환을 통해 추가로 차익을 얻을 수 있다. 과거에는 고액투자자 위주의 거래가 중심이었으나 최근에는 유동성이 부족한 기업을 중심으로 발행하고 있어 안정적으로 고수익을 바라볼 수 있다.

전환사채와 신주인수권부사채는 권리를 행사할 경우 발행회사 주식수가 증가하고 주주가 된다는 점, 채권소유자가 주식으로 전환하거나 신주인수권리를 행사하면 그 회사의 지분이 증가되어 재무구조가 개선된다는 점 등의 공통점을 가지고 있다.

원금을 보존하면서도 짭짤한 수익을 올릴 수 있는 것이 바로 전환사채이다. 전환사채란 발행회사의 주식으로 전환할 수 있는 권리, 즉 전환권이 주어진 사채로 3개월 지나면 주식으로 전환이 가능하다.

투자에 앞서서 전환사채 발행회사의 재무상환 능력을 꼼꼼히 따져보아야 한다. 발행한 회사가 부도가 나면 막대한 손해를 보기 때문이다.

또 주식처럼 전환사채도 장내에서 팔 수도 있지만 장내에서 매도할 경우는 거래량이 적어 제값을 받고 팔기가 어려울 경우가 있으므로 성장가능성이 크고 안정적인 사업에 투자하는 것이 좋다.

또한 전환가격이 유통되는 시장가격보다 낮거나 별다른 차이가 없는 것을 노려야 한다.

## 1. 전환사채 투자 포인트

★ 전환사채에 대한 지식을 쌓아라.- 책과 인터넷을 통하여 자료를 수집한다.

★ 증권사의 데일리를 참조하라.-채권면을 유심히 살핀다.

★ 증권사의 채권팀 관계자와 친분관계를 맺어라.-정보의 접선지를 공략한다.

★ 주가전망은 필수다.-주식으로 전환 가능성은 많은가?

★ 부도 가능성을 체크하라.-부도가 나면 원금도 못 건진다.

★ 합리적인 수익률을 설정하라.-터무니없는 대박의 꿈은 접어라.


신주인수권부사채는 기업의 장래발행주식의 일정 부분에 대한 매수권이 부여되는 사채로 일정량의 신주를 사는 권리가 부여된 채권이다. 안전하면서도 접근하기가 쉬워 알뜰주부 같은 개미투자자들이 많은 관심을 보이고 있다.

요사이 주가가 큰 폭으로 오르므로 신주인수권을 행사해 신주를 받은 뒤 매매차익을 노려보는 것이 좋다.


## 2. 신주인수권부사채 투자 포인트

★ 신주인수권사채에 대해서 공부하라-책과 인터넷으로

★ 증권사의 데일리를 참조하라.-채권면을 유심히 살펴라.

★ 증권사의 채권담당자와 사귀어두라-정보의 접선지를 공략한다.

★ 주가전망은 필수다-행사가격에 접근할 수 있는지 체크한다.

★ 적정한 수익률을 설정하라- 매도타이밍이 중요하다.

★ 까먹어도 되는 금액만큼만 하라-최악의 경우 휴지가 된다.

# 3,000만 원으로 7년 안에 10억 번 전업투자자

세상에서 모르는 것이 세 가지가 있다고 한다.

여자의 마음과 개구리 뛰는 방향 그리고 주가이다.

그러면 주식에 대한 공부와 연구가 필요 없다는 것인가? 그렇지 않다.

남다른 투자비법은 있을 수 없지만 많은 경험을 통해

자신만의 투자원칙과 철학을 쌓아나갈 때 비로소 감을 느끼게 되는 것이다.

# 투자 사례와 어드바이스

전업투자자인 고수익 씨(35세)는 아침에 도착하자마자 곧바로 2대의 컴퓨터 모니터를 켰다.

9시에 장이 열리기 시작하면서 서울증시가 하락하자 그의 얼굴에 미소가 비쳤다. 그의 예상이 맞아떨어졌기 때문이다. 그는 그동안 서울 증시가 너무 가파르게 올랐기 때문에 한 차례 조정이 있으리라고 예상하고 풋옵션에 '베팅' 했던 것이다. 당일에 거래를 청산하는 것을 원칙으로 하고 있는 그가 풋옵션 포지션을 다음날까지 가져가는 것은 그만큼 자신이 있었다는 뜻이다. 그러나 만일의 경우를 대비해 베팅금액은 1,500만 원으로 제한했다.

하락폭이 시간이 가면서 커졌다. 오전 10시 무렵 코스피 지수는 전날 거래보다 15포인트나 떨어졌다. 바로 그 때 그는 풋옵션 포지션을 청산했다. 수익은 그날 하루만에 400만 원이다. 이후 지수가 2포인트나 떨어져서 너무 일찍 청산한 것이 아닌가 하는 생각도 들었다. 그러나 다시 지수가 반등하면서 주식시장에서 그가 믿는 '진리'가 떠올랐다. 즉 '투자에서 손실을 보고 있다면 바로 손절매하는 게 상책이다. 더 기다리다 오르겠지 하고 생각해 무리하다가는 더 많이 잃는다.'

그는 지방대학에 다닐 때부터 주식투자 동아리에서 활동하여 주식을 공부하다가 대학 졸업과 동시에 전업투자로 나섰던 것이다.

그는 손실을 연속적으로 본 날은 6살 된 딸아이와 함께 산책하면서 스트레스를 푼다.

**어드바이스**

주식투자 전문가는 저녁에 그날 하루 일지를 작성하면서 실패했을 때는 실패한 이유를 적는다. 노력하지 않으면 살아남지 못한다.

평소 하루 10번 정도 주가지수 선물을 단타매매해야 한다. 수익은 하루 150~200만 원 정도 바라보면 된다. 선물을 택하는 것이 좋다. 왜냐하면 코스피 지수가 내릴 때에도 수익을 올릴 수 있기 때문이다.

수익은 그 날 출금해 일부는 생활비로 쓰고 나머지는 저평가된 가치주에 묻어 두는 것이 좋다. 수익을 올릴 수 있는 것은 투자의 정석인 장기투자를 통해 가능하기 때문이다.

# 주식투자 전략

## 1. 주식 직접투자의 매력

2007년은 가히 주식시장의 시대라고 해도 과언이 아니다. 2007년 6월 28일 증권선물거래소가 발표한 '2007년 상반기 증시결산' 에 의하면 국내증세는 종전에 찾아볼 수 없는 폭발장세를 이루었다. 그리하여 주식투자에 대한 관심이 어느 때보다 높아지고 있다.

지난 해 상반기에 코스피지수는 지난 말 1434.46에서 무려 298.64포인트나 오른 1733.10을 이루었으며, 코스닥지수도 606.15에서 761.03으로 154.88포인트나 상승했다. 그러나 개인투자자들이 많은 코스닥시장은 금속업종은 91.08%나 상승했는데 반해 섬유, 의류분야는 오히려 -11.98%로 하락했다. 따라서 주식투자에 있어서 항상 돈을 벌게 해주는 고수란 없다는 게 현실이다.

세상에서 모르는 것이 세 가지가 있다고 한다. 여자의 마음과 개구리 뛰는 방향 그리고 주가이다. 그 중에서도 주가는 정말 예측할 수 없는 것이어서 귀신도 모른다는 말이 생기는 것이다.

그러면 주식에 대한 공부와 연구가 필요 없다는 것인가? 그렇지 않다.

남다른 투자비법은 있을 수 없지만 많은 경험을 통해 자신만의 투자원칙과 철학을 쌓아나갈 때 비로소 감을 느끼게 되는 것이다.

주가란 한 기업의 내재적인 가치를 나타내는 지표다.

주가는 주식의 불확실한 미래가치를 현재가치로 바꾸는 것과 다름없다. 문제는 예측과 전망이 얼마나 정확한가이다.

기업의 가치가 오르면 투자수익이 올라갈 것이고 그 반대이면 손해를 볼 것이다.

주식투자는 경제상황과 기업에 대한 치밀한 정보 분석 그리고 시장에 참여한 사람들의 심리분석 마지막으로 자신이 투자하고 있는 상황에 대한 냉철한 인식이 요구되는 것이다.

## 2. 주식투자는 가치투자이다

가치투자란 흙 속의 진주를 발견하는 투자이다. 다시 말해 매출, 순익, 배당, 자산 등이 양호한데도 시장에서는 제대로 평가받지 못하고 있는 주식을 찾아 투자하는 것을 말한다.

증권시장에 상장되어 있는 기업의 가치는 주가로 나타난다. 삼성전자의 주가가 64만9000원(2007년 7월 1일)이면 삼성전자 한 주에 해당하는 기업의 가치가 64만9000원이고, LG전자의 주가가 7만7900원이면 LG전자 한 주에 해당하는 기업의 가치를 9만7900원으로 보는 것이다. LG전자가 9만7900원이라 하더라도 64만9000원하는 삼성전자보다 싸다고 하지 않는다. 절대평가가 아니라 상대평가이기 때문이다. 다시 말해 주가=기업의 가치라는 등식이 성립되는 것이다. 주식에 투자해서 돈을 벌 수 있는 것은 이 등식을 생각할 수 있다.


★ 기업가치가 올라가면 주가도 상승한다.

주식투자를 할 때는 기업 가치를 반드시 따져 봐야 한다. 기업가치가 올라가면 주가도 상승하기 때문이다. 어떤 회사의 기업가치가 얼마나 되는가, 장래기업가치가 올라갈 것인가 또는 떨어질 것인가를 알아보는 것은 투자에 앞서 매우 중요하다.


★ 기업가치보다 쌀 때 팔고, 기업가치보다 비쌀 때 판다.

주식투자는 주가가 기업의 가치와 무관하게 급등하거나 급락하여 기업가치와 주가 사이의 갭이 크게 벌어졌을 때 그 차익을 이익으로 취하는 것이다. 값이 쌀 때 사고, 비쌀 때 파는 것이 주식투자의 원칙적인 투자방법이다.

주식투자로 이익을 낼 수 있는 기본원리는  기업가치보다 쌀 때 사고, 기업가치보다 비쌀 때 팔아 차익을 챙기는 것이다.

투자수익을 낼 수 있는 너무나 쉬운 원리로 주식투자의 핵심은 바로 여기에 있다. 오랫동안 많은 투자자들이 비법을 찾아 헤맸지만 종국에는 이 원리로 돌아온다.

### 3. 주식투자의 네 가지 방법

주식 시장은 불확실하지만  한 가지 확실한 것은 주식에 투자하지 않고는 적정 수익 이상 올리기 어렵다는 사실이다. 문제는 주식에 어떻게 투자하느냐이다.

주식투자는 단지 주식을 골라 사는 데만 머무르지 않는다. 주식에 투자하는 길은 네 가지가 있다.

첫째, 기업들이 주식을 발행했을 때 싼 값으로 주식을 사는 것이다. 모든 투자의 기본은 싸게 사서 비싸게 파는 것이다. 기업이 주식을 발행할 때 사면 싸고 안전하게 살 수 있다.

대표적인 방법으로 실권주 청약. 공모주 청약, 전환사채, 신인수부 사채 등을 꼽을 수 있다. 주식투자의 고수 중에서 오로지 이 발행시장만 애용하는 이들도 매우 많다.

둘째, 남에게 맡겨 주식에 투자하는 것이다. 보통 주식형 수익증권, 뮤추얼 펀드 등 펀드 형 투자 상품이 이에 해당한다.

셋째, 발행 시장 투자 방법과 비슷한 것으로 제도권 밖에서 증권시장 상장 또는 등록되기 전의 기업들의 주식에 투자하는 방법이 있다.

넷째, 증권거래소 시장이나 코스닥 등록 시장에서 자신이 원하는 주식을 사는 것이다. 우리가 보통 주식투자라고 할 때는 주로 이 방법을 말한다고 할 수 있다.

기업들의 주식이 거래되는 시장은 증권거래소 시장과 코스닥 시장이 있다. 증권거래소 시장에서 거래되는 기업을 상장기업이라 하고 벤처 기업 등 코스닥 시장에서 거래되는 기업을 등록기업이라 한다. 이런 기업들의 주식을 사기 위해서는 증권거래소에 계좌를 트고 주식 주문을 하면 된다.

## 4. 발행시장 투자의 요령

발행시장 투자란 기업들이 주식을 공개하거나 증식을 할 때 그 주식을 사는 것을 말한다. 기업들은 자금조달을 원활히 하기 위해 싸게 주식을 발행한다. 발행시장에서 주식을 사면 보통 30% 정도 싸게 살 수 있다. 따라서 주식을 싸게 살 수 있다는 것이 발행시장이 좋은 점 첫 번째이다.

둘째, 부지런하면 기본은 건질 수 있다. 주식투자를 하게 되면 경제신문을 읽거나 인터넷을 들추어서 자신이 투자한 종목의 움직임을 살펴보아야 한다.

발행시장의 투자는 이런 노력의 3분지 1만 들여도 주식에  투자하는 수익률이 가능하다.

셋째, 초보자들도 쉽게 접근할 수 있다.증시 격언에 1%의 영리한 사람을 위해서 99%의 어리석은 사람들이 돈을 갖다 바친다는 말이 있다.

99%의 어리석은 사람들이란 겁 없이 덤벼든 초보자들을 말한다. 많은 정보와 투자기법을 가진 외국투자자들과 기관투자들에 비해 초보자들은 한마디로 밥이다.

그러나 초보자들은 발행 시장 투자를 적극 활용하면 외국인투자자들이나 기관투자자들과 싸울 필요가 없다. 또 몇 가지 원칙만 지키면 투자손실도 최소화할 수 있다.

### 5. 주식투자 3대 성공전략

첫째, 스스로 판단하여 투자한다.

★ 종합주가지수가 중요한 것이 아니다.

오늘날 주가가 고공행진을 하면서 종합주가 1,700 선을 넘어섰다. 전문가마다 다르지만 1,800선까지를 내다보는 사람도 있고, 심지어 2030까지 바라보는 사람도 있다. 그런데 유의할 것은 종합주가지수를 바라보지 말라는 것이다. 10년 전에 사들인 주가가 100포인트 상승한 것도 있지만, 무려 500배나 오른 주식도 있다는 것이다. 이것은 종합주가지수가 지금껏 박스권 안에 있지만, 회사별로 보면 수십 배 이상 오른 종목도 많다는 점이다.

★ 주가 상승은 자기자본이익률이 높은 것과 관계가 있다.

자기자본이익률(ROE)은 회사의 경영자가 기업에 투자한 자본을 사용하여 어느 정도 이익을 올렸는가를 나타내는 것으로, 자기자본이익률이

10% 높으면 그 회사의 주가도 1년에 10% 정도 올랐다는 것이다.

이렇게 자기자본이익률이 높은 기업은 외국인이나 기관투자자들의 주요 투자지표로 활용하기 때문에, 투자하는 당신의 입장에서는 최근 2년 동안 자기자본이익률이 높았는지를 참조할 필요가 있다.


★ 글로벌기업의 주가가 오른다.

글로벌기업이란 국제시장에 도전하는 기업으로, 국내 시장에서 승부를 걸겠다는 기업은 잠깐 반짝하여도 오래가지 못하고 밖으로 나가는 기업만이 장수를 할 수 있다. 그래서 모든 기업들이 글로벌 기업을 지향하고 있다.


★ 부채비율이 낮아지고 있는 기업을 선택하라.

부채가 많은 기업은 장사를 해서 돈을 많이 벌어도 그만큼 이자가 많이 나간다는 뜻이다. 그런 기업의 전망이 어두울 수밖에 없다는 것은 우리는 IMF 때 겪어서 잘 알고 있다.


★ 독과점 기업인가?

독과점 기업은 만들어내는 제품 혹은 서비스가 물가상승률에 비해 가격을 올릴 수 있는 결정력을 가지고 있다. 그렇지 못하면 경쟁에서 제살 깎아먹기로 경쟁을 벌이다가 도산하기에 이른다. 따라서 시장지배력이 있어 가격을 물가 이상으로 움직일 수 있는 회사의 주식이 투자하기에 좋다.

### 첫째, 전문가 따라하라.

증권사에서 추천하는 주식은 모두 우량주이며, 상승장에서는 효과가 많지 않을지라도 하락장에서는 쉽게 무너지지 않는 장점이 있다. 따라서 특히  초보자들은 이런 전문가의 말에 귀를 기울일 필요가 있다.


### 둘째, 대주주 따라하라.

주식시장에서 해당주식의 5%가 넘게 지분을 가진 대주주가 1% 이상 주식을 사거나 팔 때에는 5일 이내에 신고해야 하는 규정이 있다. 그리고 단 한 주라도 매매가 발생하면 한 달 이내에 신고를 해야 한다. 그러면 이 신고내용이 금감원 전시공시에 올라온다. 따라서 대주주가 자신의 회사 주식을 언제 얼마만큼 사고팔았는지를 알 수 있다. 바로 이런 대주주들의 동향을 살펴보고 이들이 하는 대로 하라는 것이다.

**최근 5년간 누적수익률 상위 10개 주식종목**

| 종목 | 수익률(%) |
|---|---|
| 대우인터내셔날 | 2245.96 |
| 현대미포조선 | 1682.77 |
| 한미약품 | 1235.11 |
| 한화 | 1172.73 |
| 금호석유 | 1150.00 |
| 종근당 | 1097.11 |
| 한솔LCD | 1089.63 |
| 금호산업 | 1044.50 |
| 두산인프라코어 | 1076.71 |
| 한진중공업 | 948.44 |

## 6. 주식을 검토할 때와 매도할 때

주가는 한마디로 귀신도 모른다는 말이 있다. 그만큼 어렵다는 얘기다. 주식 전반에 걸쳐 어렵지 않은 것이 없다. 기업을 분석하는 일, 어떤 주식이 계속 상승할 주식인지 등등 어렵지 않은 것이 없다. 그 중에서도 무엇보다도 중요하면서 매우 어려운 것은 두 가지라고 요약할 수 있다.

하나는 주식을 언제 사고 언제 팔아야 하는지 그 매매 타이밍을 아는 것이고, 다른 하나는 어떤 주식을 사야 하는 것인가이다. 기업분석, 거래량, 총 매매가, 차트 분석 등이 모두 이 두 가지를 알기 위함이라고 해도 과언이 아니다. 이 두 가지를 몰라서 다른 사람이 산 주식은 오르는데 자기가 산 주식은 오르기커녕 내려가 속을 태우는 일이 주식 시장에서 흔히 볼 수 있는 일이다.

본서에서는 이 두 가지에 대해서 가장 원론적인 것만 언급하려고 한다. 가장 보편적인 것에 진리가 있다는 사실을 믿기 때문이다.

당신이 산 주식을 이제 검토해야 할 때는 다음과 같은 경우를 생각해야 한다.

★ 그 회사가 계속 성장하고 있는가?

★ 좀더 좋은 회사로 성장하고 있는가?

★ 재정적인 측면에서 작년보다 발전되었는가?

★ 경영진이 시대에 맞게 전략을 세우고 있는가?

★ 당신은 여전히 그 회사의 미래를 믿고 있는가?

★ 여전히 그 회사의 주식을 보유하고 싶은가? 아니면 팔고 싶은가?

투자한 회사에 위험 징조가 보여도 곧 팔 필요는 없다.

왜냐하면 위기를 극복한 회사들이 많기 때문이다. 이런 회사를 우리주위에서 얼마든지 볼 수 있다.

그렇다면 주식은 어떤 경우에 팔아야 하는가? 주식을 팔아야 할 수많은 경우 중에서 중요한 몇 가지만 소개한다.


★ 그 회사의 주식을 샀던 이유가 더 이상 없어졌을 때

★ 그 회사의 실적이 예상 외로 저조할 때

★ 그 회사의 운영진이 부정으로 사회물의를 일으켰을 때

★ 그 회사가 무엇으로 돈을 버는지 파악할 수 없을 때

★ 앞으로 들어갈 돈이 필요한 일이 생겼을 때

★ 주식이 지나치게 고평가되었다고 생각이 들 때

★ 훨씬 더 매력적인 투자종목을 발견했을 때

★ 주가가 매수시점 가격으로 오르기만을 죽치고 앉아서 기다릴 때

이외에도 주식을 팔아야 할 때가 많다.

# 부동산 투자로
# 5년 새 3억 5,000만 원
# 만든 지부자 씨

부동산에 투자하기 위해서는 다른 종류에 투자하는 것보다 많은 자금이 필요하다.

투자자금을 마련하기 위해서는 종자돈 마련에도 힘을 기울여야 한다.

그러기 위해서는 직장인으로서 월급의 절반 정도를 적금이나

CMA 등에 넣어 조금씩 목돈을 마련해 나가야 한다.

# 투자 사례와 어드바이스

서울의 한 정보연구원으로 있는 지부자 씨. 주변에서 재테크 박사로 불리는 그는 직장생활을 시작한 2002년부터 주식, 채권, 부동산 등 다양한 재테크 방법을 동원하여 5년 만에 3억5,000만 원을 모았다. 그의 목표는 2011년에 '10억 마련'이다. 현재 그의 투자전략은 '매년 부동산 하나씩 사기'다.

그의 연봉은 비슷한 나이 또래의 대기업직원과 비슷한 5,000만 원선이다.

그가 재테크에 처음 도전한 것은 주식이었다. 2002년 그는 저평가된 블루칩(우량주식)을 몇 달 동안 탐색한 끝에 그해 말 최저점에 이른 하이닉스를 100만 원 단위로 몇 차례 샀다. 그 뒤 1년 정도 가지고 있다가 50%의 수익을 남기고 팔아치웠다. 하지만 주식의 경우 위험 부담이 큰 데다가 수

시로 주가를 보다가 보니 직장일에 차질을 줄 것으로 예상하여  부동산으로 바꾸었다.

2003년부터 그는 주말마다 전국의 부동산 중개업소를 찾아다니기 시작했다. 만약 부동산 고수를 만나면 밥이나 술을 사는 것은 기본이다. 그는 술을 먹다가 아무리 취해도 부동산에 대한 정보를 들으면 벌떡 일어나 메모를 한 뒤에 잔다. 그는 제대로 정보를 주는 부동산업소는 10개의 부동산중개업소를 찾아 돌아다녀야 만날 수 있었다. 그동안 인맥을 쌓아두었던 부동산중개업소로부터 연락이 왔다. 자신이 찾던 물건이 나왔다는 것이다. 경기도 성남시 분당구 야탑동에 찾던 물건이 나왔다는 것이다. 역세권의 22평짜리 빌라였다. 주변에 100가구 아파트 등이 서 있고, 재개발가능성도 충분히 있었다. 가격은 2억5,000만 원선이었다. 그는 5,000만 원은 대출을 받았다. 현재 시세는 3억 2,000만 원으로 30% 상승했다.

**어드바이스**

부동산에 투자하기 위해서는 다른 종류에 투자하는 것보다 많은 자금이 필요하다. 투자자금을 마련하기 위해서는  종자돈 마련에도 힘을 기울여야 한다. 그러기 위해서는 직장인으로서 월급의 절반 정도를 적금이나 CMA 등에 넣어 조금씩 목돈을 마련해 나가야 한다. 자동차는 처음부터 굴릴 생각을 포기하는 것이 좋다.

최소한 2억 원 정도 모아져야 부동산 투자를 생각해볼 수 있다.

오늘날처럼 정부가 대출의 규제를 강화하여 자금줄이 막혔을 때 좋은 경매물이 나오므로 경매에 대해서 공부를 하는 것이 좋다.

# 부동산투자 전략

## 1. 부동산 투자에 앞서 고려해야 할 사항

부모로부터 물려받은 큰 재산 없이 그 동안의 모아 논 돈으로 부동산에 투자할 때 대출을 받지 않으면 안 된다.

대출은 장기 상품이다. 대출을 상환하려면 자기의 자산과 능력부터 점검해야 한다. 그렇지 않으면 중단에 실패하고 만다.

### 첫째, 대출상환 능력이 있는가?

월 대출상환금액이 당신의 급여에서 80% 미만에서 이루어지도록 해야 한다. 자녀가 있는 경우,  60% 정도가 교육비, 생활비, 보험료 등으로 지출된다. 따라서 80% 이내에 하지 않으면 감당하기가 힘들 것이다.

둘째, 중간에 부부 중 어느 한쪽이 그만두었을 때도 고려하라.

뉴 서티들은 거의가 맞벌이 부부가 많다. 맞벌이 경우 중도에 자녀 출생 등 여러 가지 이유로 어느 한쪽이 그만둘 경우도 생길 수 있다. 따라서 부동산 투자도 이런 경우를 감안해서 규모를 정하지 않으면 안 된다.

셋째, 대출상환과 노후준비를 함께 할 수 있는가?

노후를 준비하는 것은 대출상환 못지않게 중요한 위치를 차지하고 있다. 따라서 대출상환으로 인해 노후준비를 하지 못한다면 재테크의 성공이라고 할 수 없다. 따라서 매월 수입에서 적어도 10% 이상을 노후준비 투자와 함께 대출을 상환할 수 있어야 한다.

넷째, 노후를 보낼 곳은 어디로 정했는가?

적어도 노후를 서울에서 보낼 것인가 아니면 고향이나 중소도시에 가서 보낼 것인가가 정해 있어야 한다. 만약 서울에서 보낼 계획이라면 집 한 채 장만하는 것으로 노후준비를 했다고 안심해서는 안 된다. 집값은 유동적인데다가 앞으로 10년 후 또는 20년 후의 부동산 시장이 물량과잉으로 오늘의 부동산시장과 전혀 다른 모습이 될 가능성이 크기 때문이다. 무엇보다도 당신의 대출상환이 언제 끝나는지부터 파악해야 한다.

## 2. 부동산 투자의 2대 요소, 임대수익과 시세차익

오늘날 정부의 부동산 투기 억제 시책으로 여러 가지 대책이 나오면서 부동산 시장이 얼어붙었다. 그러나 우리나라에서 부를 가져다주는 수단으로 부동산만큼 안전하고 확실한 것은 없다. 그럼에도 불구하고 부동산 투자에는 무엇보다도 많은 연구와 노력이 필요하다.

만일 2003년 봄에 목동 아파트 8단지 27평을 1억 3천에 매입했다고 하자. 그리고 2007년 봄에 3년의 양도세 면제 기간이 끝나 6천의 시세 차익을 보고 1억 9천에 미련 없이 팔아버렸다. 그리고 전문가들이 임대 수익을 얻을 수 있는 아파트에 투자하라는 말에 따라 산본의 17평 아파트를 6천5백에 그리고 나머지 돈으로 강남의 소형 오피스텔을 구입했다고 했을 때, 두 군데서 받는 임대 수익을 내심 욕심내었던 것이다. 그리고 1년 전에는 산본의 아파트 역시 1천만 원이 오르자 당신은 또 팔아버렸다. 1년이 지난 지금 당신이 가진 재산이라고는 흐트러진 현금과 아직 임대자를 구하지 못한 오피스텔 1채가 전부다.

만일 27평 아파트를 그대로 갖고 있었더라면 현재 시세는 4억원 안팎이다. 무려 그가 산 시세보다 2억 7천만 원이, 또 그가 판 시점보다 2억 1천만 원이 올랐던 것이다.

2년 전에 27평의 소형 아파트를 팔아 더 작은 아파트와 오피스텔을 두

채 만든 결과는 이렇듯 참담한 결과를 가져왔던 것이다.

누가 미래를 예측할 수 있느냐고 변명하면 할 말이 없다. 그러나 분명한 것은 위의 판단 실수를 분석해 보면 어느 정도 답이 나온다. 산본과 목동의 입지 분석에 대한 판단 미스와 오피스텔에 대한 투자 위험성을 간과한 데 있는 것이다.

이제 이런 가상을 생각지 않아도 지금은 2년간의 급격한 상승에 따른 자본 이득으로 너무 큰 시세 차익을 기대하기는 힘든 것이 사실이다. 이러한 부동산 조정기는 같은 가격이면 오히려 상대적으로 더 임대 수익을 많이 올릴 수 있는 곳에 눈을 돌려도 좋을 듯하다. 그러나 자본 이득이 기대되는 곳은 임대 수익이 적고 임대 수익이 큰 곳은 큰 자본 이득을 기대하기 힘든 곳이 많다. 게다가 지금은 자본 이득은커녕 자본 손실까지도 이어질 수 있다는 시점이다. 따라서 부동산 투자는 어느 때보다 많은 연구와 치밀한 분석이 요구된다.

## 3. 주택 임대사업 가이드

주택임대사업은 은행금리 이상의 고정수익을 얻을 수 있고, 세금 감면 혜택도 받는 주택임대사업이 안정적이면서도 경쟁력을 갖추고 있다.

임대주택의 장점을 살펴보면 첫째, 취득세 , 등록세 감면 효과와 일정기간 임대 후 양도세가 감면된다는 것이다. 둘째, 임대물량 품귀로 인한 임대료 상승으로 시중금리보다 높은 수익률을 보장받을 수 있고, 향후 부동산 가격 상승 시 자산소득증대의 효과를 누릴 수 있다는 것이다.

임대주택 사업자의 자격은 현재 국내 거주자 또는 해외 거주자로서 우리나라 국민이면 되고, 1가구 1주택 소유자도 가능하다. 사업자등록기준은 임대주택을 선취득 후 임대사업자로 등록하면 된다. 사업자등록기준은 2가구 이상의 매매계약서(분양계약서)만으로 임대사업자 등록이 가능하다. 주택의 규모 및 형태에 대한 제한은 없다. 다만, 임대사업자등록은 신규 공동주택(아파트, 연립, 다세대주택)에만 해당되고, 단독주택으로 분류되는 다가구주택은 원칙적으로 임대사업자로 등록할 수 없다.


★ 임대주택사업 등록절차

임대조건신고를 해야 하는데. 임대조건 신고란, 임대차 계약기간, 임차보증금, 임대료 등을 사업자등록한 해당 구청에 신고하는 것을 말한다.

1단계 세무서 임대사업자 등록 시, 2단계의 임대조건 신고를 동시에 하는 경우도 있다.

| 구분 | 신고기한 | 구비서류 | 신고관청 |
| --- | --- | --- | --- |
| 1단계<br>임대사업자 등록 | 매매(분양)계약<br>체결 후 | 임대사업자등록신청서, 주민<br>등록초본, 주민등록증사본,<br>등기부등본, 매매(분양)계약<br>서본 | 거주지 관할<br>시, 군, 구청<br>주택과 |
| | 임대개시<br>20일 전 | 사업자등록신청서, 주민등록<br>등본 | 관할세무서 |
| 2단계<br>임대조건 신고 | 임대개시<br>10일 전 | 임대조건신고서, 표준임대차<br>계약서 | 관할시, 군,<br>구청장에게<br>신고 후 신<br>고필증을 교<br>부받음 |
| | 임대개시 후<br>3개월 이내 | 주택임대신고서, 임대사업자<br>등록증사본, 표준임대차계약<br>서, 임차인의 주민등록등본 | 관할세무서 |
| 3단계<br>양도시 감면신청 | 5년 후<br>(기존주택은 10년) | 사업자등록증, 임대차계약서<br>등록증사본, 등기부등본, 임<br>차인주민등록등본 | 관할세무서 |

★ 임대주택 선택 시 고려사항

투자 목적은 크게 임대수입과 양도차익을 얻는 것으로 나눌 수 있는데, 임대주택 대상물건 선정 시 고려해야 할 사항이 몇 가지 있다.

- 매매가 대비 전세 비율이 높은 곳을 찾아라.

- 도심과의 접근성이 용이한 지역이 좋다.

- 대형 평형보다는 중소형 평형이 임대사업용으로 적당하다.

- 발전 가능성과 임대수요가 많은 곳을 선택하라.


★ 임대주택사업 시 주의해야 할 사항

임대주택사업을 하려고 할 때 다음 사항을 주의해야 한다. 다가구주택의 경우 가구수에 상관없이 단독주택 한 채로 분류되기 때문에 임대사업자로 등록할 수 없다. 그러나 다가구 주택을 2채 이상 소유하고 있는 사람이 세입자들의 동의를 얻어 구분 등기하여 임대사업자등록을 하면 세제 혜택을 받을 수 있다.


- 세대별 구분소유가 가능한 다세대주택의 경우에는 사업자등록이 가능하여 임대주택사업을 할 수 있다.

- 오피스텔은 주거용 건물이 아니기 때문에 주택임대사업 대상이 아니다.

- 주택임대사업은 시중금리가 인상된다거나, 경기가 활성화되어 소비자들의 구매력이 증대될 경우 임대수요가 줄어들어 수익률이 줄어들

수 있는 경우이다. 그러므로 임대주택을 어떻게 그리고 어느 지역의 주택을 매입해 임대하느냐에 따라 수익률 편차가 크기 때문에 무엇보다도 입지를 잘 선택하여야 하며, 또한 절세전략도 잘 수립하여야 한다.

■ 임대수입 중 월세부분은 임대사업자에게 종합소득세(부동산임대소득)를 부과한다. 주택을 전부 전세로 임대하면 임대수입에 대한 종합소득세 대상에서 제외된다.

**주택 종류별 세제 혜택**

| 구분 | 취득세 | 등록세 | 양도소득세 |
|---|---|---|---|
| 신규분양 미분양아파트매입 | 18평 미만, 2가구 이상 100% 감면 | 18평 미만, 2가구 이상 100% 감면 | 25.7평 이하, 2채 이상 100% 감면 |
| 분양권 매입 | 혜택없음 | 혜택없음 | 25.7평 이하, 2채 이상 100% 감면 |
| 기존주택매입 | 혜택없음 | 혜택없음 | 25.7평 이하, 2채 5년 임대 50%, 10년 임대 100% 감면 |

*평형은 전용면적 기준임
*취득세 및 등록세는 임대를 목적으로 새로이 건축하거나 최초로 분양 받는 공동주택에 한정

## 4. 재개발과 뉴타운에 관심을 갖는다.

### ★ 재개발 사업

재개발은 한 지역이 완전히 다시 개발하는 것을 말한다. 즉 낡고, 불량함이 많은 지역을 재개발 지역으로 지정하여 생활과 주거환경을 고치는 도시계획 사업이다. 재개발 사업에 투자하려면 재개발 구역으로 지정되었는지 확인하는 것이 중요하다. 왜냐하면 재개발지역 지정 이전까지는 관이 주도하는 사업이지만 재개발 지역으로 지정된 후에는 민간주도로 바뀐다. 따라서 재개발 지역에 투자하기 위해서는 재개발지역으로 지정된 후에 투자하는 것이 효과적이다.

### ★ 뉴타운

재개발은 소규모로 구역단위 재개발로 민간 의존성이 높다. 재개발 사업은 주택 위주로 사업이 시작된다. 뉴타운은 하나의 생활권 전체를 공공 재정투자 확대를 통해 다양한 도시개발 방식을 활용한다. 현재 시범 뉴타운 지역인 은평, 길음, 왕십리 뉴타운을 시작으로 2차 뉴타운 및 3차 뉴타운 지구도 지정되어 있다.

# 금리상승기에 이자소득을 더 늘리기를 희망하는 뉴 써티

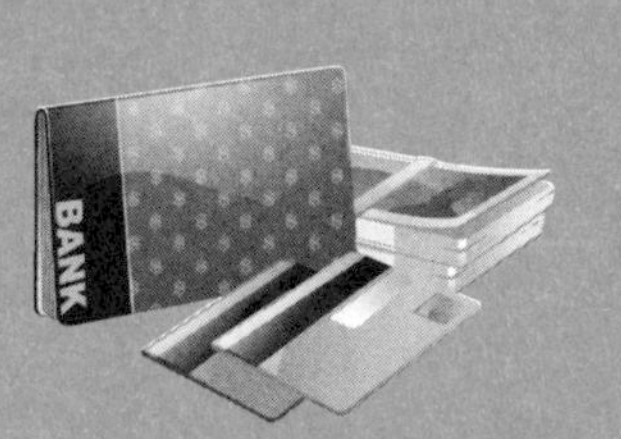

목돈을 굴릴 때 가장 먼저 고려해야 할 대목은 안전성이다.

돈이 떼일 염려가 없어야 한다는 것이다.

따라서 주식, 부동산 등에 섣불리 직접 투자하여 위험을 감수하는 것보다

간접상품으로 눈을 돌려야 한다.

# 채권투자 전략

전업주부인 이재분 씨는 남편이 대기업에 다니다가 퇴직하면서 받은 퇴직금을 최근에 받아서 은행에 넣어두었다. 제2인생의 보루인 퇴직금이기 때문에 원금을 안전하게 보장받을 수 있는 은행에 넣어두었던 것이다. 그런데 그 돈의 이자소득으로 중학교와 고등학교에 다니는 두 남매의 교육비와 생활비로 충당하려고 생각하니 안전하면서도 이자소득이 조금이라도 더 높은 것이 없을까 고민하였다.

이재분 씨의 가족의 생활비와 교육비를 최소한으로 했을 경우에도 월 2백만 원이 필요하다.

**어드바이스**

1년 만기 정기예금이자가 10%일 때는 매월 세금을 빼고도 200만 원을 받아 생활하기에 불편함이 없다. 그러나 현재 금리가 상승되고 있다고 하지만, 현재 정기적금 금리가 5%인데 이런 금리로는 이자소득으로 생활하기 어렵다. 연평균 5%인 경우 이자소득은 100만 원에 불과하므로 자녀교육과 생활비에는 턱없이 부족하다.

목돈을 굴릴 때 가장 먼저 고려해야 할 대목은 안전성이다. 돈이 떼일 염려가 없어야 한다는 것이다. 따라서 주식, 부동산 등에 섣불리 직접 투자하여 위험을 감수하는 것보다 간접상품으로 눈을 돌려야 한다.

부동산 간접투자 상품은 구조조정 리츠와 부동산투자신탁, 부동산펀드 등 세 종류가 있다. 빌딩 임대사업으로 고객의 돈을 불려주는 구조조정 리츠는 부동산투자신탁보다 수익률이 높은 반면에 투자 위험도 높다. 부동산투자신탁은 부동산 사업에 대한 대출로 위탁자산을 운용해 투자위험은 적으나 수익률이 낮은 편이다.

부동산펀드는 은행이 고객의 돈을 모아 부동산개발 프로젝트에 투자한 뒤 그 이익금을 나눠주는 상품으로 목표수익률과 투자의 안전성에서 구조조정 리츠와 부동산신탁의 중간에 해당한다.

# 부동산 펀드 투자 전략

## 1. 부동산펀드의 매력과 구조

부동산펀드는 부동산에 관심은 있으나 자금 사정이나 발품을 팔아야 하는 부동산 투자에 접근하기 힘든 직장인들에게 어필할 수 있다는 것에 매력이 있다.

부동산펀드는 일반펀드와 마찬가지로 일반인을 상대로 펀드를 판매하는 판매회사와 운용회사로 나뉜다. 판매회사는 보통 은행과 증권사가 맡고 있고, 운용회사는 자산운용회사가 맡는다.

따라서 판매회사가 일반인을 상대로 모은 돈을 운용회사가 부동산에 투자하는 구조이다.

부동산펀드를 팔 때는 자금모집한도로 약 300~500억 원 규모이며 많은 경우 1,000억 원이 넘는 경우도 있다.

## 2. 부동산펀드의 특징

★ 소액으로도 부동산에 투자할 수 있다는 점이다.

부동산펀드 가입시의 최저금액은 1,000만 원 이상이다. 개인들은 별도의 제한 없이 일정 금액 이상을 가입하면 된다.


★ 투자기간이 장기라는 점이다.

보통 2~3년 길게는 5년 이상이다.

이 기간 동안 중도에 펀드를 환매하여 돈을 찾는 것은 허용 되지 않는다. 이 기간 동안 자금이 묶이는 셈이다. 따라서 여유자금으로 투자해야 한다.


★ 원금은 무기지만 수익은 일정기간 동안 분배된다.

1년 단위로 수익을 분배할 수도 있고, 기간이 더 길어질 수도 있다.

## 3. 부동산 펀드의 예상 수익률

부동산 펀드의 예상수익률은 대략 은행예금금리보다 연 2~3% 높다. 1년 정기예금금리가 연 5%라면 부동산투자의 수익률은 연 7~8%가 제시되는 경우가 많다. 이렇게 제시되는 수익률은 예상수익률일 뿐 실제 받는 수익률은 투자과정에서 달라질 수 있다.

### 4. 부동산펀드 투자시 확인해야 할 사항

★ 자신이 투자한 돈이 어떤 부동산에 투자되는 지를 따져봐야 한다.

펀드로 모은 돈을 아파트에 투자하는지, 상가에 투자하는지도 따져봐야 하고, 아파트나 상가의 앞으로의 전망도 나름대로 따져 볼 필요가 있다.


★ 부동산을 실제 건설하는 시공사의 신용도도 따져봐야 한다.

시공사의 신용도가 낮은 경우에는 투자기간 중 시공사의 부도로 투자자금을 회수하지 못할 경우도 있기 때문이다.


★ 투자를 통해 만들어지는 건물의 분양률이 어떻게 되는지도 살펴봐야 한다.

분양률이 높지 않다면 차후에 수익률이 낮아질 가능성이 크다. 분양률과 수익률은 그만큼 밀접한 관련이 있다.

## section 13

# 월수입 70% 저축하여
# 16년 만에
# 13억 모으다

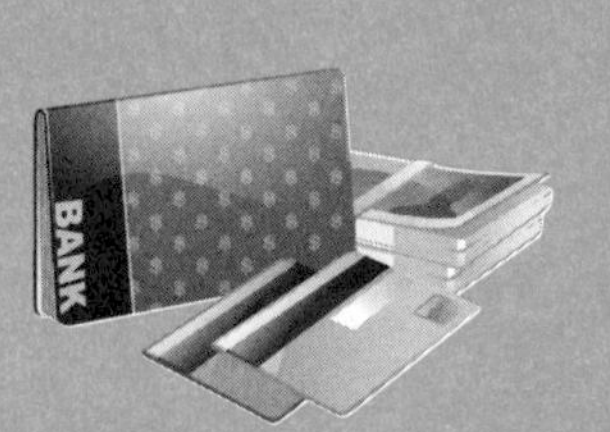

재테크 포인트로 '비과세' 로 해야 한다.

금융소득에서 각종 세금으로 빠져나가는 돈이 무시하지 못할 정도이기 때문이다.

부동산 투자를 해본 사람이라면  절세의 중요성을 깨달을 것이다.

비과세 상품은 증여세나 상속세 부담이 덜하기 때문에

펀드며 보험이며 모두 비과세 상품에 가입하라.

# 재테크 사례와 어드바이스

모 보험설계사로 있는 맹열한 씨는 지금 경기도 파주의 34평짜리 아파트에 딸 아들과 함께 살고 있는 뉴써티다.

그는 매달 기본 생활을 합쳐 300만 원을 지출하고 있다. 그는 못 먹고 못 쓰는 일이 있더라도 적립식 혼합 펀드와 연금 보험에 매달 수익의 60%는 반드시 넣는다.

그는 본인을 위한 투자로는 변액연금 보험에 매월 50만 원을 넣고, 소득공제 연금보험에 매달 25만 원을 넣으며 확정금리 연금 보험에 18만원을 넣고 있다.

또한 두 자녀를 위한 투자로는 변액연금보험에 200만 원과 비과세 적립 펀드에 100만 원을, 종신 보험에 매달 100만 원씩 넣고 있다.

**어드바이스**

맹열한 씨의 재테크 포인트로 '비과세'로 해야 한다. 금융소득에서 각종 세금으로 빠져나가는 돈이 무시하지 못할 정도이기 때문이다. 부동산 투자를 해본 사람이라면 절세의 중요성을 깨달을 것이다.

비과세 상품은 증여세나 상속세 부담이 덜하기 때문에 펀드며 보험이며 모두 비과세 상품에 가입하라. 맹열한 씨의 은퇴 시기는 약 55세로 잡아야 한다. 은퇴 후에는 약 400만 원 정도의 연금 소득을 기대할 수 있다.

# 효과적인 보험가입 전략

## 1. 기본적인 사항을 꼼꼼히 살펴보도록 하자.

보험은 미래의 위험에 대비한 일종의 기부금이다. 따라서 보험료는 당신의 형편에 맞게 내되, 가능하면 줄이는 것이 좋다. 그렇다고 보험료를 무조건 줄이면, 보장규모도 같이 줄게 되므로, 미래의 불행을 대비할 수 없다.

그렇다면 보장은 얼마나 받아야 하고, 또한 보장규모를 줄이지 않으면서 보험료를 줄일 수 있는 방법에는 어떤 것들이 있을까?

★ 보장규모는 사고가 났을 때 치료비와 최소한의 생계유지 수준이면 적정하다.

★ 보험 종류별로 그 성격에 맞게 보장 기간은 충분히 긴 것도 좋다.

★ 순수보장형이면서 무배당으로 가입하면 보험료를 줄일 수 있다.

★ 젊을수록, 장기로 가입할수록 보험료가 싸다.

★ 중복 보장을 줄이면 보험료를 줄일 수 있다.

★ 주보험 보장금액을 줄이고, 특약보험을 활용하면 보험료를 줄일 수 있다.

★ 건강체로 확인받으면, 보험료를 줄일 수 있다.(종신보험 등 일부 보험)

## 2. 가입해야 할 보험의 조건

우리나라의 경우 생명보험 가입률이 86.2%, 1인당 가입건수가 1.7건으로 가입률 측면에서는 이미 선진국 수준(일본 93%, 미국 76%)에 도달했다고 한다.

이와 같은 통계로만 보면, 우리나라 국민들도 이제 보험을 생활의 필수품으로 인정하고, 스스로 미래의 위험에 대비할 줄 아는 현명함을 갖추었다고 말할 수 있겠다. 하지만 우리가 보험을 선택할 때. 각자 자기 환경에 맞도록 꼼꼼하게 따져보고 가입여부를 결정하였는지, 나아가 본인이 필요한 위험보장을 직접 설계하였는지를 다시 한번 자문해 보아야 할 것이다. 그렇다면 과연 당신은 어떤 보장을 받는 것이 좋을까?

★ 질병과 사고는 물론 노후보장도 받아야 한다.

★ 암 등 질병에 대한 보장은 반드시 받도록 한다.

★ 개인의 특수 상황을 고려하여 보험에 가입해야 한다.

보험 상품은 종신보험, 연금보험, 질병보험 등 많은 보험료를 지불하는 상품들 이외에 소액으로 큰 보상을 받을 수 있는 보험들이 많다. 대표적으로 여행보험이나 골프보험, 주택화재보험, 어린이 안전보험 등등. 이들은 연간 1만 원 내외의 소액으로 수천만 원을 보장받을 수 있다. 위험은 예고 없이 찾아오며, 그로 인한 불행은 매우 크다. 조금이라도 위험이 있는 곳에 보험 상품은 존재할 수 있다. 그러한 보험을 잘 이용하면, 적은 돈으로 큰 불행을 막을 수 있다.

특히 손해보험사의 상품 중에는 매우 유용한 상품이 많으므로, 보험가입을 생활화한다면 큰 불행을 비켜갈 수 있을 것이다.

## 3. 종신보험은 반드시 가입하자.

종신보험은 일단 피보험자가 사망이나 1급 장해를 판정받게 되면, 약정한 보험금을 받는다는 점에서, 사실 유족 연금적 성격이 강하므로 일종의 저축성보험이라고 할 것이다. 즉 다른 보험은 보험 기간 중 사고가 없을 경우 소멸하는데 비해, 종신보험은 보험 기간 중 반드시 보험금 지급사유가 한 번은 생기기 때문이다.

하지만 종신보험은 은퇴 이후나 자녀가 모두 성장한 경우에는 그 의미가 점차 퇴색되어 차라리 노후연금보다 못한 상품으로 전락한다. 따라서 이 시기에는 노후연금으로 전환할 수 있도록 설정되어 있다. 하지만 만약 피보험자의 사후, 배우자의 노후 보장을 염려하거나 상속세 납부를 목적으로 한다면, 노후연금으로 전환하지 않는 것이 좋다.

종신 보험가입할 때의 요령은 다음과 같다.

★ 주보험은 줄이고, 정기특약을 활용하는 것이 좋다.

유족급여 성격이 강하므로, 주보험은 배우자의 노후보장 정도로만 설정하고, 자녀의 경우에는 만 18세 이상이 되면 독립할 수 있으므로 독립 가능한 연령 대를 맞춰 정기특약으로 가입하면 좋다.

국민연금에서 유족급여가 지급되고 있고, 퇴직연금이나 개인연금도 사망하면 잔여액이 일시금으로 지급되므로 그에 대한 부족금만 종신보험에 가입하는 것이 좋다.

★ 특약은 사망했을 때에 맞춰 중점적으로 설정하자.

종신보험은 피보험자가 사망하거나 1급 장해에 해당될 경우의 가족 생활급여라 할 수 있다. 그러므로 일단 여기에 초점을 두고, 특약은 중점 설계하여야 한다.

재해사망특약과 재해 장해 연금특약, 재해 상해 특약 정도가 적당하다고 할 것이다. 이렇게 설계할 경우 종신보험은 개인연금이 보장하지 못하는 장해연금이나 유족연금으로 활용될 수 있을 것이다.

■ 질병관련 특약은 개인연금을 고려하여 설계하자.

■ 노후(은퇴) 이전의 보장에 중점을 두는 게 좋다.

■ 노후에 연금으로 전환이 가능하다.

고객이 원할 경우 사망 이전에라도 연금으로 전환할 수 있다. 하지만 이 경우는 특별히 유족연금이 필요 없거나 노후연금이 부족할 경우에만 전환하는 것이 좋을 것이다.


## ※개인연금과 종신보험의 비교

가능하면 종신보험은 유족연금으로, 개인연금은 노후연금으로 활용하는 것이 좋다. 또한 정기보험(기간이 정해진 종신보험)은 은퇴 이전의 유족연금 보완 수단으로 활용하면 좋다.

# 연말정산
## 연초부터 준비하여
## 소득공제 받자

버거운 세금에 상대적 박탈감을 느끼는 샐러리맨에게,

1년에 한 번씩 연말이 되면 매달 월급에서 꼬박꼬박 뗀 소득세를

한꺼번에 돌려받을 수 있는 연말정산은 최대의 재테크이자 '세테크'이다.

보험료와 의료비는 기본이고 틈새의 공제대상까지

조금만 신경을 쓰면 정직하게 세금을 줄일 수 있다.

# 재테크 사례와 어드바이스

반도체 관련 무역회사에 다니는 맹청한 팀장은 2004년 말 바쁘다는 핑계와 연말정산은 푼돈이라는 생각에 금융기관에서 받은 기본적인 공제서류만 제출했다가 연초에 얄팍한 환급봉투는 고사하고 세금을 추가로 내야 했던 아픈 경험이 있다.

팀장으로 승진하면서 봉급도 약간 올랐지만 다양한 방법으로 소득공제를 늘려 두둑하게 환급받는 직장 동료와 달리 주택대출금 상환 등으로 소득공제 금융상품을 충분히 활용하지 못했다.

맹 팀장은 연초에 한 달 월급을 보너스로 챙길 수 있는 방법에 대해서 알아보았다.

맹 팀장은 경기 평촌신도시에 33평 아파트와 은행과 보험사에 금융상품을 갖고 있다. 부인이 최근 금융기관에서 다시 일하기 시작하면서 맞벌이 부부의 월평균 소득은 550만 원이다. 그리고 3년 만기 주택구입자금 대출의 이자 납입과 개인연금신탁 연금 보험 예금, 적금 등으로 월 200만 원을 저축하고 있다.

초등학교 1학년과 유치원 자녀 등의 교육비와 생활비에 월 200만 원 정도가 들어간다. 부인의 소득이 생긴데다 지출은 줄어 매월 150만 원 정도는 저축할 여유가 생겼다.

**어드바이스**

버거운 세금에 상대적 박탈감을 느끼는 샐러리맨에게, 1년에 한 번씩 연말이 되면 매달 월급에서 꼬박꼬박 뗀 소득세를 한꺼번에 돌려받을 수 있는 연말정산은 최대의 재테크이자 '세테크' 이다. 보험료와 의료비는 기본이고 틈새의 공제대상까지 조금만 신경을 쓰면 정직하게 세금을 줄일 수 있다.

샐러리맨들은 회사별로 매년 12월이나 연초에 소득세액 공제항목 관련 영수증과 증빙서류를 준비한 뒤 소득공제신고서와 함께 회사에 제출한다. 물론 해마다 조금씩 바뀌는 소득공제 내용을 잘 챙겨 관련 서류를 빠짐없이 챙기는 것은 물론이고 저축할 때는 반드시 소득공제를 받을 수 있는 알짜상품에 가입하고 현금영수증을 챙기는 등 1년 365일 항상 준비해야 한다.

# 소득공제 많이 받으려면

소득공제를 많이 받기 위한 원칙에도 다음 다섯 가지가 있다. 근로 소득자들은 해마다 1월에 실시되는 전년도 연말정산을 잘해 소득공제를 많이 받아야 미리 떼인 세금을 많이 돌려받을 수 있다.

첫째, 현금보다 신용카드를 사용하는 게 바람직하다. 이는 근로소득자가 세금을 줄일 수 있는 가장 쉬운 방법이기도 하다. 먼저 공제 대상은 총 급여의 10%를 초과해 사용한 금액의 20%, 혹은 자기 총 급여의 20%나 500만 원 가운데 적은 금액이다. 특히 병원비를 카드로 결제하면 의료비 공제와 신용카드공제를 받을 수 있다.

둘째, 같이 살지 않는 부모라도 소득공제를 받을 수 있다. 인적 공제의 대상이 되는 '생계를 같이하는' 본인이나 배우자의 직계존속 기준은 실제 함께 살고 있는지가 아니다. 생활비를 대주는 등 실제로 부양을 하고 있는지가 기준이 된다.

셋째, 맞벌이 부부는 돈을 많이 버는 배우자가 소득공제를 받는 게 좋다. 소득세는 소득이 높으면 높은 세율이 적용되므로 똑같은 소득공제액이라도 소득이 많은 사람이 공제를 받으면 돌려받는 세금의 액수가 그만큼 커지기 때문이다.

넷째, 지난해 연말정산 당시 증빙서류를 제출하지 못했더라도 5월에 세금을 돌려받을 수 있으므로 포기하지 말자. 다음에 5월 종합소득세 확정신고 기간에 소득세 신고서류와 함께 소득 공제 서류를 관할 세무서에 제출하면 8월에 세금을 돌려받을 수 있다.

## 맞벌이 부부의 소득공제 사항

| 공제내용 | 참고사항 |
|---|---|
| 배우자 | 연간 소득금액이 100만 원을 초과하는 맞벌이 부부는 서로 배우자 공제를 받을 수 없으며 부양가족에 대해서는 한 소득자만이 공제 |
| 부양가족 | 배우자의 형제자매는 공제 대상 부양가족에 포함 |
| 자녀양육비 | 자녀양육비 공제는 남편이 기본공제를 했더라도 배우자가 공제 가능, 영유아보육비와 자녀양육비 공제는 중복적용이 안됨 |
| 보험료 | 서로 공제대상 배우자가 아닌 경우에는 본인의 보험료에 대해서는 본인만 공제가능, 자녀에 대해 남편이 기본 공제를 받고 부인이 그 자녀를 위해 보험료를 지출한 경우에는 부인이 보험료공제를 받음 |
| 교육비와 의료비 | 자녀를 위해 지급한 교육비와 의료비는 기본 공제를 누가 받았는지에 관계없이 남편 또는 배우자 중 한사람이 선택해 공제받을 수 있음, 배우자를 위해 지급한 의료비와 교육비 중 의료비는 공제받을 수 있으나 교육비는 공제되지 않음, 맞벌이 부부 이외의 경우에는 기본 공제를 받는 사람만이 공제할 수 있음 |
| 주택마련저축 | 맞벌이 부부가 별도의 세대를 구성해 주민등록등본상 각각 세대주로 등록되어 있어도 한 사람만 공제받음 |
| 신용카드 | 가족카드를 사용한 맞벌이 부부의 경우 각자 사용금액을 공제받음 |

section
15

# 풍요로운 제2인생을 위하여

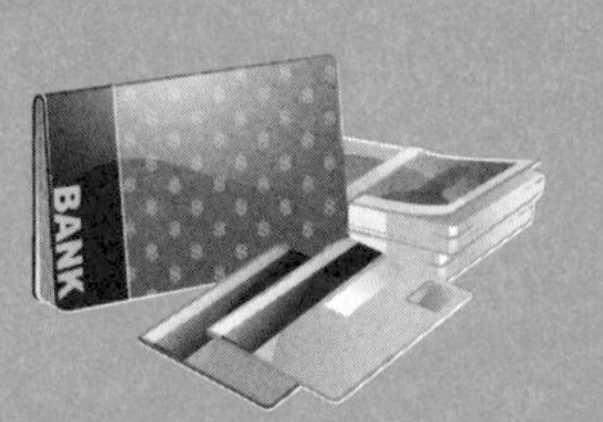

우리가 사망할 때까지 필요한 인생 필요자금은 얼마나 될까?

필요자금을 분석하기 위해서는 인생을 살면서 가장 큰돈이 소요되는

5가지 항목을 고려해야 한다.

이를 흔히 '5대 자금' 이라 하는데, 여기에는 생활비, 은퇴자금(노후생활비), 주택구입

자금, 자녀교육 · 결혼자금, 그리고 긴급예비자금 등이 포함된다.

# 재테크 사례와 어드바이스

현명한 씨는 자신의 미래를 생각하면서 현 뉴써티 시점에서 최소한 어느 정도 돈은 갖고 있어야 큰 불편 없이 경제생활을 할 수 있을 것인가? 즉, 인생살이에서 가장 큰돈이 소요되는 자녀 교육과 결혼·노후생활의 문제를 모두 해결하기 위해서는 현재 사는 집을 제외하고도 얼마가 있어야 할까를 생각하고 현재의 금리와 물가를 감안하여 계산한 결과 적어도 16억 원이 있어야 한다고 생각했다. 이 수치는 전체적인 평균값을 적용해 산출한 것이므로 높은 생활수준을 유지하거나 큰 비용이 소요되는 인생 이벤트가 생길 경우에는 필요자금 규모가 더욱 커질 수밖에 없다.

**어드바이스**

아름다운 노후를 준비하기 위해서는 현명한 씨는 허리띠를 졸라매고 돈이 생기는 대로 적금에 부어야 한다. 또한 월급날에는 적금, 연금 보험에 각각 30만 원씩, 그리고 적립식 펀드에 40만 원씩 매월 100만 원을 자동이체로 빠져나가도록 만들어야 한다.

뿐만 아니라 보너스가 나오는 날에는 보너스의 80%를 적립식 펀드에 부어라.

그러면 다행히 2005년부터 불기 시작한 펀드 열풍과 주식의 고공행진에 힘입어 1억을 쉽게 만들 수 있다. 그리고 이 1억을 다시 수익률이 높은 주식형 펀드에 투자한다.

2006년부터 상승행진을 시작한 주식이 2007년에는 1700선을 넘어서 주식형 펀드에 가입하면 그만큼 수익이 높기 때문이다. 그러나 펀드에 투자할 때에는 종목보다 운용사 선택에 많은 비중을 두어야 한다. 2007년 들어 주식이 상승세를 유지하면서 6월 들어 드디어 1700선을 넘어섰다. 따라서 30대에 노후자금 16억을 만들 수 있다는 자신감이 들 것이다. 그럴수록 더욱 지출을 줄여서 생긴 돈을 펀드와 보험에 투자하여야 한다. 그러면 얼마 안 있어서 그의 계획이 이루어질 것을 기대할 수 있다.

인생 필요자금 분석을 통해 재무 계획을 세울 때는 특히 금리와 물가상승률의 변화에 주목해야 한다. 금리 4%를 적용한 현 시점에서 필요한 인생 필요자금은 약 16억 원. 만일 금리 5%를 적용하면 인생 필요자금은 이

보다 무려 1억 원이나 줄어든 약 15억 원이 된다. 뛰어난 재테크 실력을 가지고 있어 매년 6%의 투자수익률을 올렸다고 가정하면, 필요자금은 약 2억 원 가량 줄어든 14억 원 가량이 된다. 장기 인생 계획에서 '1% 금리'의 위력을 알 수 있는 대목이다.

반대로 물가상승률은 인생 필요자금을 더 증가시킨다. 금리 4%·물가상승률 5%를 적용하면, 인생 필요자금은 약 16억 원이 된다. 금리 4%·물가상승률 3%를 적용했을 때보다 3억 원 가량의 자금이 더 필요하다. 금리 4%·물가상승률 6%를 적용해 필요자금을 분석하면, 인생 필요자금은 약 15억 원으로 늘어난다. 따라서 인생 필요자금 분석을 통해 자신의 재무 계획을 세우고 재테크할 때는 '수익률 1%'의 중요성을 인식하고 있어야 한다.

# 제2인생을 위한 최소한의 필요자금

우리가 사망할 때까지 필요한 인생 필요자금은 얼마나 될까?

필요자금을 분석하기 위해서는 인생을 살면서 가장 큰돈이 소요되는 5가지 항목을 고려해야 한다. 이를 흔히 '5대 자금'이라 하는데, 여기에는 생활비, 은퇴자금(노후생활비), 주택구입자금, 자녀교육 · 결혼자금, 그리고 긴급예비자금 등이 포함된다. 긴급예비자금은 실업 등으로 소득이 일시적으로 중단될 위험에 대비하기 위한 자금으로 통상 3~6개월 치의 생활비를 책정하는 게 일반적이다.

시간문제도 고려해야 한다. 필요자금은 일시에 필요한 게 아니라 각 인생의 단계마다 필요하기 때문에 미래에 필요한 돈을 현재가치(미래에 필요한 돈을 이자율을 감안해 현재 화폐 가치로 계산한 것)로 환산할 필요가 있다. 서로 다른 나이에 발생하는 비용을 단순히 더하면 필요자금이 과대 계산될 위험이 있기 때문이다.

마찬가지로 물가상승률도 반영해야 한다. 시간이 지나면서 물가는 올라가는 경향이 있기 때문에 현재의 물가수준만 고려할 경우, 정작 자금이 필요한 미래에 자금이 부족할 수도 있다.

이런 전제 하에서 우리나라의 평범한 보통 사람인 당신이 가장의 인생 필요자금을 분석하기 위해 이들의 초상화를 그려보자.

## 가장의 각 항목별 필요자금 기준

| 항목 | 비용 | 산출근거 |
| --- | --- | --- |
| 현 생활비 | 월 243만 원 | 2007년 통계청 1분기 가구당 소비 · 비소비 지출 |
| 은퇴 후 생활비 | 월 170만 원 | 현 생활비의 70% |
| 주택자금 | – | 내집마련을 한 것으로 간주 |
| 초등학교 교육비 | 연 250만 원 | 2007년 교육개발원 사교육비 실태조사 |
| 중학교 교육비 | 연 337만 원 | 2007년 교육개발원 사교육비 실태조사 |
| 고등학교 교육비 | 연 503만 원 | 2007년 교육개발원 사교육비 실태조사 |
| 대학교 교육비 | 연 738만 원 | 2007년 교육개발원 사교육비 실태조사 |
| 자녀 결혼자금 | 신랑 9,943만 원 (30세결혼) | 2006년 듀오 신혼부부 결혼 비용 |
| | 신부 3,428만 원 (27세결혼) | 2006년 듀오 신혼부부 결혼 비용 |
| 긴급예비자금 | 1,458만 원 | 연 생활비 X 6개월 |

# 제2인생의 필요자금 마련을 위한 금융상품

## 1. 개인연금

흔히 연금이라고 하면 젊을 때부터 돈을 꾸준히 모아 은퇴 후 매달 얼마씩 받아 쓰는 상품을 떠올린다. 이런 적립식 연금 상품의 주된 가입 대상은 노년층이 아니라 오히려 30, 40대다.

이 상품은 목돈을 한 번에 넣어 두면 원리금을 합쳐 매달 일정한 금액을 내 주기 때문에 별다른 수입 없이 퇴직금 등 모아둔 돈을 헐어가며 살아야 하는 퇴직자들에게 적당하다. 현재 금융권에서 판매중인 즉시연금식 상품의 특징을 소개한다.

### ★ 연금신탁

일부 은행들이 '신노후생활연금신탁' 이라는 이름으로 즉시연금식 상

품을 팔고 있다. 은행별로 정해진 최소 금액 이상의 목돈을 넣으면 다음달

부터 즉시 1개월, 3개월, 6개월, 1년 단위 중 한 가지 방식으로 연금이 지

급된다. 40세 이상만 들 수 있고 연금 지급 기간은 5년 이상 연 단위로 선

택하면 된다. 1인당 4,000만원까지는 세금우대(10.5% 세율 적용)로 가입

할 수 있고, 65세 이상이나 장애인일 경우 2,000만원까지 비과세 혜택이

있는 생계형 저축으로도 들 수 있다. 이 상품은 운용 실적에 따라 수익률

이 달라지는 실적 배당형 상품이어서 매달 지급되는 돈에 차이가 날 수 있

다. 다만 손실이 나더라도 원금이 보장되는 것이 특징이다. 채권만으로 운

용되는 상품이 대부분이지만 기업 · 외환은행은 자산의 10% 이내 범위에

서 주식이나 파생상품에 운용하는 안정형 신탁도 팔고 있다. 국민은행의

경우 신규 가입 고객을 대상으로 여성 3대암(유방암 · 자궁암 · 난소암) 보

험 또는 일반 상해보험에 5년간 무료로 가입해 주기도 한다.


★ 연금예금

연금신탁과 달라 확정금리를 주는 예금 형식의 연금상품을 신한 · 하나

은행에서 내놓았다. 신한은행의 연금예금은 목돈을 넣고 1~5년 중 만기

를 정하면 매달 원리금을 똑같이 나눠 지급한다. 예컨대 6,000만 원을 5

년만기로 넣는다면 매달 약 111만 원을 5년간 타 쓸 수 있는 식이다. 세금

우대 혜택은 없고, 가입 자격이 되는 경우 생계형 저축으로 들 수 있다.

하나은행의 디자인통장은 목돈을 넣고 매달 필요한 금액을 지정하면 이자에 원금의 일부를 합쳐 내 주다 만기가 되면 나머지 원금을 되돌려 주는 상품이다. 예를 들어 1억 원을 5년 만기로 넣고 매달 100만 원씩 타 쓴다면 5년 후 만기에 남은 5,894만 원만 찾는 식이다. 6개월 이상 월 단위로 만기를 정할 수 있으며, 세금 우대나 생계형 저축으로는 가입이 안 된다.

우리은행이 새롭게 내놓은 뷰티플라이프 투자상품은 연금신탁과 예금을 결합한 상품. 정기예금처럼 목돈을 1년 이상 넣어 두고 확정금리를 받거나 실적배당형 연금신탁으로 들 수도 있다. 예금으로 가입해도 만기까지 3회에 걸쳐 이자 손해 없이 원리금을 나눠 찾아 쓸 수 있는 것이 특징이다. 또 가입 고객에게 의료서비스 중개회사인 '365홈케어'에서 담당 주치의를 지정해 전화·인터넷으로 무료 건강 상담을 해 주고, 병원 예약 및 할인 혜택을 주기도 한다. 만 55세 이상만 가입할 수 있고 세금 우대와 생계형 저축으로 드는 것도 가능하다.


★ 연금보험

생명보험사들이 파는 즉시 연금식 상품에는 연금을 10년, 15년, 20년식으로 정해진 만기까지만 받는 기간형과 사망할 때까지 받는 종신형 두 가지가 있다. 기간형의 경우 은행의 연금상품과 차이점이 별로 없다.

반면 종신형은 보험상품 특유의 성격이 짙다. 목돈을 넣어 두면 평생 연금을 지급하되 연금에 가입하자마자 사망할 경우에 대비해 대부분 10년 보증 기간을 둔다. 가입 후 10년 이내에 가입자가 사망하더라도 유족에게 10년치에 해당하는 연금은 계속 지급해 주는 것이다. 기간형이나 종신형 상품 모두 원금에는 손을 대지 않고 이자만 지급하다가 만기 때 혹은 가입자가 사망할 경우 유족에게 원금을 돌려주는 상속형으로도 가입할 수 있다.

회사별로 약간씩 차이는 있으나 생명보험의 즉시연금식 보험은 55세 이상만 들 수 있다. 시장금리에 연동되는 변동금리형 상품으로 현재 공시 이율은 연 5%대다.

**은행별 즉시 연금식 상품 현황**

| 분류 | 은행명 | 상품명 | 수익률(연%) | 최소가입금액 |
|---|---|---|---|---|
| 연금신탁 | 국민 | KB실버플랜<br>신노후생활연금신탁 | 3.63 | 3천만 원 |
| | 기업 | 신노후생활연금신탁<br>(채권형, 안정형) | 채권형 : 6.4<br>안정형 : 4.38 | 3천만 원 |
| | 외환 | 신노후생활연금신탁<br>(채권형, 안정형) | 채권형 : 4.11<br>안정형 : 12.52 | 1천만 원 |
| | 조흥 | 즉시연금신탁 | 4.93 | 1천만 원 |
| | 한미 | 신노후생활연금신탁 | 4.86 | 1백만 원 |
| 연금예금 | 신한 | 연금예금 | 4.5(만기 1년 기준) | 5백만 원 |
| | 하나 | 디자인통장 | 4.3(만기 1~2년) | 1천만 원 |
| 복합형 | 우리 | 뷰티플라이프<br>투자상품 | 4.6<br>(예금으로 들 경우) | 2천만 원 |

### ★ 변액연금보험

30대에 내집마련이나 자녀 교육 등을 이유로 노후 준비를 미루게 되면 더 나이가 들어서는 정말 어렵게 되므로 8,000만 원 정도야 대출 받아서 집을 살 수 있지만 노후에 그 정도 돈이 모자란다면 막막해질 것이다.

젊었을 때는 일이 있으니까 8,000만 원이 갚을 수 있는 정도의 돈으로 느껴지지만 직업이 없는 노후에 갑자기 이 같은 돈이 필요하다고 생각하면 정말 절망적일 것이라는 얘기다. 따라서 6억 8,000만 원 정도가 모자라는 셈, 물론 퇴직금과 국민연금, 살고 있는 집 등을 고려하지 않았을 때의 얘기다.

그래서 노후 대책 상품은 변액연금보험 상품이 유리하다. 일반연금보험에 투자기능까지 합쳐져 장기 투자시에 유리하기 때문이다. 무엇보다 고령화 시대엔 인플레를 감안해야 한다.

현재의 생활비를 10년, 20년 뒤 물가로 계산하면 지금과 큰 차이가 난다. 예컨대 현재의 1억 원 가치를 3% 정도의 물가상승률로 환산할 경우 10년 후엔 7,400만 원, 20년 후엔 5,500만 원, 30년 후엔 4,100만 원에 불과하다. 노후자금을 준비하려면 이런 물가상승분을 무시해선 안 된다.

바로 이런 점에서 연금 중에서도 투자형 연금, 즉 변액연금의 중요성이 대두된다. 일반연금은 공시이율을 쓰지만 변액연금은 투자수익률에 기초

한다. 물론 투자상품이기 때문에 손실 리스크도 있지만, 채권과 주식이 혼합된 장기상품이어서 어느 정도 안정성을 갖추고 있다.

## 2. 비과세 상품의 투자 상품으로 한다.

다음은 이 금액을 일반 적금상품 대신 절세상품이나 투자 상품을 통해 마련하는 경우다. 절세상품이나 투자 상품으로 보다 높은 수익을 올릴 수 있다면 그만큼 저축부담을 줄이는 효과를 얻는다. 따라서 제2인생의 필요자금 마련이라고 해서 꼭 관련 금융상품만 고집할 것이 아니라 다양한 금융상품 가운데 유망한 상품을 골라 이를 활용하는 것을 적극 고려할 필요가 있다.

절세효과를 얻으면서 목돈마련을 추진하는 데는 단연 장기주택마련저축이 돋보인다. 가입기간이 7년 이상인 장기주택마련 저축은 이자소득세가 전액 비과세되고 근로소득자는 추가로 연말정산 소득공제를 받을 수 있어 다른 어느 적금상품보다 안전하면서도 실질수익을 높일 수 있다.

8년 후에 필요한 자금을 일반 적금상품 대신 장기주택마련저축을 활용해 마련한다고 가정할 경우(이율 연 5%, 연말 정산 소득세율 19.8%, 세금 환급분에 대해 연 4%로 재투자 가정) 절세효과 등으로 인해 같은 목표금액을 달성하는 데 필요한 저축금액은 매월 51만 원(고정식)이면 가능하다. 매월

56만 원씩 저축하는 적금에 비해 월 5만 원 가량 부담을 줄일 수 있다.

투자 상품을 활용하는 경우에는 대표적으로 적금식이나 주식이나 채권 등에 투자하는 적립식펀드를 들 수 있다. 이에 대한 설명은 '재테크 시작' 항목에서 상세히 설명한 바 있거니와 적립식펀드는 실적배당상품으로서 장기간 규칙적으로 투자가 이뤄질수록 투자위험을 줄이고 투자성과를 높일 수 있다는 점에서 장기간에 걸친 목돈마련 용도로 활용하기에 적합하다.

또 발생한 수익 가운데 주식매매에서 얻은 수익은 과세에서 제외되는 특징이 있어 그만큼 절세효과를 얻을 수 있다. 다만 투자 상품이기에 원금보장은 안 되며, 투자 실적에 따라 수익률이 좌우된다는 점을 감안해야 한다.

따라서 적립식 펀드를 가입하고 매월 73만 원씩을 저축하는 경우 받을 수 있는 금액은 투자실적에 따라 달라지며, 만일 해당 적립식펀드가 매월 연 8%의 수익을 올린다면 6년 후 당초 목표를 훌쩍 넘는 6,717만 원(연 8%, 월 복리 가정)을 받을 수 있다. 그러나 수익률이 연 4% 수준을 밑돌 경우 일반 적금상품 가입에 비해 불리해질 수 있다.